Hamburger Abendblatt

So schön ist Hamburg

Delightful Hamburg
Hambourg la Belle
Bello Hamburgo

**Herausgegeben
von Matthias Gretzschel**

𝔥𝔞𝔪𝔟𝔲𝔯𝔤𝔢𝔯 𝔄𝔟𝔢𝔫𝔡𝔟𝔩𝔞𝔱𝔱

INHALT/CONTENTS/CONTENUE/CONTENIDO

*Der Heilige Georg ist Namenspatron
eines Hamburger Stadtteils.
Die Darstellung des Drachentöters ziert
ein Haus in St. Georg.*

*St. George is the patron saint of
a Hamburg district. The dragon slayer
adorns one of the houses in St. Georg.*

*Saint-Georges est le patron d'un quartier
de Hambourg. La représentation du
tueur de dragon décore une maison à
St-Georges.*

*San Jorge es el patrón de un barrio de
Hamburgo al que da nombre. La imagen
del vencedor del dragón adorna una casa
en San Jorge.*

Geleitwort

Normalerweise ist Schönsein von der Natur vorgegeben, in Verbindung mit einer Stadt ist es Programm. Es war Hamburg also nicht in den Schoß gelegt worden, einmal eine der schönsten Städte auf dem Kontinent zu werden. Immer hat es Menschen im Verlauf der Jahrhunderte gegeben, die diese Stadt nicht nur als ihren Wohnort empfanden, sondern auch als Aufgabe, das hanseatische Lebensgefühl im äußeren Erscheinungsbild des Städtebaus widerzuspiegeln. Immer wurde dem Wasser Respekt und Hochachtung gezollt, ob es der kleine Fluß Alster oder der große Strom Elbe war. Die prächtigsten Bauten entstanden an den Ufern, wurden aus den solidesten und kostbarsten Materialien errichtet und verrieten Reichtum, den Hamburg seinem freien Zugang zu den Meeren und Ozeanen verdankt. Der Welthandel hat Hamburg nicht nur ökonomisch bereichert, er inspirierte große Architekten und ihre Auftraggeber zu einem „amphibischen Stadtbild": Mächtigen Schiffen gleich sind in der Innenstadt Baukomplexe zwischen kanalisierten Wasserläufen verankert, spitz zulaufend wie Bootsrümpfe in einem Trockendock. Jedem Besucher wird auffallen, wie vielfältig die hanseatische Baukultur und wie wenig verdichtet die nordische Metropole ist. Trutzig wirkende Rotklinkerfassaden kehren das norddeutsche Element hervor, daneben in hellen Farben gestrichene Viertel, die von breiten Grüngürteln durchzogen sind und an manchen Sommertagen eher südländisches Flair ausstrahlen.

Nicht von ungefähr heißt dieses Buch deshalb „So schön ist Hamburg".

1976 ist es zum erstenmal erschienen. Schnell wurde es zum erfolgreichsten Bildband der Hansestadt. Doch mit der Zeit hat sich auch diese Stadt verändert. An manchen Plätzen zeigt sie ein neues Gesicht. Bausünden aus der unmittelbaren Nachkriegszeit wurden beseitigt, Lücken, die die Zerstörung hinterließ, geschlossen, Hafenflächen wurden neu gestaltet. An den Erfolg der Erstausgabe soll die komplett überarbeitete Neuauflage anschließen. Die Texte sind von Redakteuren des Hamburger Abendblattes geschrieben, die seit vielen Jahren über ihre Stadt berichten. In dem großen Bildteil sind auch Fotos aus dem Abendblatt enthalten, die auf diese Weise über den Tag hinaus erhalten bleiben. „So schön ist Hamburg" wendet sich nicht nur an die Hamburger selbst. Der viersprachige Bild- und Textband soll auch im Reisegepäck der vielen Menschen, die uns besuchen, ein Stück bleibender Erinnerung sein.

Peter Kruse, Chefredakteur
des Hamburger Abendblatts

Preface

Beauty is usually a quality determined by nature, yet in terms of a city it is more a matter of scheduled planning. Hamburg was not born to become one of the loveliest cities on the continent, nor is its beauty a lucky chance. With the passing of ages there was always someone who not only felt this city was their home, but also saw it as their duty to reflect the Hanseatic feel for life in the image emitted by city planning. Again and again tribute and respect was paid to the element of water, be it the tiny river Alster or the mighty Elbe. The most magnificent buildings were set up on the river banks and constructed from the most solid and precious of materials, quietly indicative of the prosperity which Hamburg owes to its access to the sea. World trade not only made Hamburg richer, it also inspired great architects and their masters to create an "amphibian city setting". In the inner city, building complexes lie anchored like huge ships between canal-style watercourses, the ends of them nosing in like the hull of a ship to dry dock. Every visitor is struck by the variety of Hanseatic architecture and how much space, how little congestion, the metropolis of the north has to offer. Impressive red clinker brick facades bring out the north German element, alongside of which districts painted in light colours are threaded through with wide green belts, many a summer day reflecting the warm flair of the south rather than the north.

So it is no coincidence that this book has been entitled "Delightful Hamburg". First published in 1976, in no time at all it became the best selling illustrated book on the Free and Hanseatic City of Hamburg. Yet with the passage of time even this city has changed and here and there unveils a new face. Constructional short-comings from the post-war years have been removed and the gaps left by the path of destruction closed. Harbour areas have been redesigned. This new and completely revised edition is to be a follow-up to the success of the original version. The texts have been written by editors from the Hamburger Abendblatt, all of whom have been reporting on their city for years. The large illustrated section also includes photos from the Hamburger Abendblatt which have thus found their way to posterity. "Delightful Hamburg" not only addresses the people of Hamburg. This illustrated book published in four languages should be tucked away in the luggage of the many people visiting us, as something to treasure, something of lasting memory.

Peter Kruse, Editor-in-Chief,
Hamburger Abendblatt

Préface

Normalement, la beauté est prédéfinie par la nature, mais lorsque ceci est lié à une ville, c'est tout un programme. Hambourg ne devait danc pas rester les bras croisés pour devenir l'une des plus belles villes sur le continent. Il y a toujours eu des personnes au cours des siècles qui non seulement ont ressenti cette ville comme leur domicile, mais ont également ressenti comme une mission de refléter la joie de vivre hanséatique dans l'aspect extérieur des constructions. On a toujours voué du respect et une grande considération à l'eau, qu'il s'agisse de la petite rivière de l'Alster ou du grand fleuve qu'est l'Elbe. Les constructions les plus somptueuses ont vu le jour sur les rives, ont été édifiées à partir des matériaux les plus solides et les plus précieux et ont révélé la richesse que Hambourg doit à son libre accès aux mers et océans. Le commerce mondial a non seulement enrichi Hambourg au plan économique, mais il a inspiré également de grands architectes et leurs clients pour lui donner la «physionomie d'une ville amphibie» : ressemblants à d'imposants bateaux, des complexes de bâtiments sont ancrés dans le centre de la ville entre des cours d'eau canalisés, se terminant en pointe comme des coques de bateaux dans une cale sèche. Chaque visiteur sera surpris par la diversité de l'architecture hanséatique et la faible concentration des métropoles nordiques. Les façades en brique cuite rouge, qui donnent une impression défensive, font ressortir l'aspect caractéristique de l'Allemagne du nord; à côté, des quartiers peints dans des couleurs claires qui sont traversés par de larges ceintures de verdure et dégagent plutôt une ambiance méridionale certains jours d'été.
Ce n'est pas par hasard que ce livre s'appelle pour cette raison «Hambourg la Belle».
Il est paru pour la première fois en 1976. Il est devenu rapidement le best-seller de la ville Hanséatique. Cependant, cette ville s'est également modifiée avec le temps. En certains endroits, elle présente un nouvel aspect. Les péchés de la construction provenant de l'après-guerre immédiat ont été éliminés, les brèches laissées par la destruction colmatées, des surfaces portuaires ont été réaménagées. La nouvelle édition entièrement revue suivra le succès de la première édition. Les textes sont écrits par des rédacteurs du «Hamburger Abendblatt» qui parlent de leur ville depuis de nombreuses années. La grande partie illustrée contient également des photos provenant du «Abendblatt» qui sont conservées de cette façon au-delà de l'édition quotidienne. «Hambourg la Belle» ne s'adresse pas qu'aux habitants de Hambourg. Ce volume avec photos et texte rédigé en quatre langues doit être également, dans les bagages de nombreuses personnes qui nous rendent visite, un fragment de souvenir durable.

Peter Kruse, rédacteur en Chef
du Hamburger Abendblatt

Prefacio

Normalmente la belleza es un don de la naturaleza, pero cuando se trata de una ciudad es resultado de la planificación. Hamburgo se ha convertido a pulso en una de las ciudades más hermosas del continente. En el transcurso de los siglos siempre existieron personas que no se limitaron a residir en esta ciudad, sino que se sintieron impulsados a reflejar el modo de vida hanseático en el aspecto exterior de la ciudad. Siempre se rindió al agua respecto y consideración, ya fuese al Alster, un pequeño río, o al Elba, la importante vía fluvial. Los más regios edificios fueron construidos en las orillas empleando los materiales más sólidos y valiosos, reflejando la riqueza que Hamburgo debe a su libre acceso a los mares y océanos. El comercio mundial no sólo representó riqueza económica para Hamburgo, sino que inspiró a grandes arquitectos y a sus mecenas para crear un "aspecto urbano anfibio". Emulando los poderosos navíos, complejos constructivos anclados entre canales en el centro de la ciudad se levantan, rematados en punta como si fueran cascos de bote en el dique seco. Todos los visitantes pueden percatarse de la diversidad arquitectónica y de la sensación de espacio de esta metrópoli del norte. Las fachadas de ladrillos rojos de severa apariencia acentúan el elemento del norte alemán, en contraste con los barrios adyacentes pintados con colores claros y rodeados de amplios cinturones verdes y que en los cálidos días estivales tienen un aire más bien del sur.
Por consiguiente no es casualidad que este libro se titule "Bello Hamburgo".
En 1976 se publicó por primera vez y pronto se convirtió en el libro de fotografías de más éxito en la ciudad hanseática. Pero con el transcurso del tiempo esta ciudad ha cambiado y en algunos lugares muestra un nuevo rostro. Los pecados contra la arquitectura cometidos después de la guerra han sido demolidos, se han llenado los espacios vacíos dejados por la destrucción, las superficies portuarias han sido reformadas.
Esta nueva edición totalmente revisada logrará tanto éxito como la primera edición. Los textos son obra de redactores del periódico Hamburger Abendblatt, que desde hace años informan sobre su ciudad. Entre las numerosas fotografías se incluyen algunas del Abendblatt que de esta manera se perpetúan. "Bello Hamburgo" se dirige no sólo a los propios hamburgueses. Este libro de fotografías y textos en cuatro idiomas será un recuerdo inolvidable para las muchas personas que nos visitan.

Peter Kruse, Redacor jefe
del periódico "Hamburger Abendblatt"

Ein beliebter Treffpunkt im Zentrum der Stadt sind die Alsterarkaden. Bei schönem Wetter werden die Plätze unter den alten gußeisernen Laternen schnell knapp.

The Alster arcades are a popular meeting place in the city centre. In good weather, vacant seats are soon scarce under the old cast-iron lanterns.

Les arcades de l'Alster sont un point de rendez-vous aimé au centre de la ville. Par beau temps, le nombre des places sous les vieux réverbères en fonte devient rapidement insuffisant.

Uno de los puntos de encuentro preferidos en el centro de la ciudad son las arcadas del Alster. Cuando hace buen tiempo no cabe ni un aguja en las plazas.

*Zwei Hauptkirchen in Sichtweite:
St. Petri an der Mönckebergstraße und
im Hintergrund der Turm von St. Jacobi.*

*Two principal churches in view: St Peter
in Mönckeberg Street and in the background the spire of St Jacob.*

*Deux grandes églises face à face:
St. Pierre dans la Mönckebergstrasse
et, à l'arrière, le clocher de St.Jacques.*

*Dos catedrales a la vista: la de San
Pedro en la Mönckebergstraße y al
afondo la torre de San Jacobo.*

So schön ist Hamburg

Eigentlich müßte ich am Hauptbahnhof aussteigen, aber ich bleibe einfach sitzen. Langsam verläßt der Zug das dunkle Bahnhofsgebäude, und dann endlich kommt der Moment, den ich jedesmal, wenn ich nach Hamburg zurückkehre, wieder aufs neue genieße: Links sehe ich die Gebäude der Kunsthalle, gleich darauf rechts das schneeweiße Hotel Atlantic. Dahinter kann ich einen ersten Blick auf die Außenalster erhaschen. Der Zug fährt zwar langsam, aber mir geht es viel zu schnell, denn jetzt rollen wir über die Lombardsbrücke, und ich weiß nicht mehr, wohin ich zuerst schauen soll. Rechts, auf den sanften Wellen der Außenalster, wiegen sich Boote mit weißen Segeln und bunten Fähnchen. Und links zeigt die Stadt ihre berühmte Schokoladenseite: die Binnenalster mit der hoch aufsprudelnden Fontäne, dahinter der Jungfernstieg mit dem Anleger der Alsterflotte, ein flüchtiger Durchblick über die Reesendammbrücke zum Alsterfleet und dem Rathaus. Dann vor der Kulisse stattlicher Häuser und hoher Türme der Alsterpavillon, auf dessen Terrasse – wenn nicht gerade wieder einmal ein Besitzerwechsel ins Haus steht – bunte Schirme leuchten, und nebenan am Neuen Jungfernstieg das berühmte Hotel Vier Jahreszeiten.

Es ist wie im Kino, und ich möchte den Film anhalten, um die einzelnen Bilder in Ruhe genießen zu können. Gerade noch kann ich einen Blick in die Esplanade werfen, und schon nähert sich der Zug dem Dammtorbahnhof, dessen gläserne Halle sich mit Jugendstilornamenten über die Gleise spannt. Schon bei der Ankunft offenbart die Stadt großzügig ihre Reize. Einladend wirkt sie und offen, weitläufig und manchmal wieder beinahe intim.

Hamburg ist eine alte Stadt, deren Siedlungsgeschichte bis ins 7. und 8. Jahrhundert zurückreicht. Daß man zwischen Elbe und Alster nur noch wenige Zeugnisse dieser fernen Vergangenheit wahrnehmen kann, hat vor allem mit zwei schicksalhaften Ereignissen zu tun: Vom 5. bis zum 8. Mai 1842 tobte der „Große Brand", dem ein Drittel der damaligen Stadt zum Opfer fiel. Im Anschluß daran konnte Hamburg zwar unter damals höchst modernen städtebaulichen Gesichtspunkten wiederaufgebaut werden, mit dem Rathausmarkt und den Alsterarkaden erhielt die Stadt zudem eine neue glanzvolle Mitte, doch der größte Teil der mittelalterlichen Bebauung war für immer verloren. Als noch tragischer, verheerender und folgenreicher erwiesen sich hundert Jahre später die Bombenangriffe der alliierten Luftflotten im Zweiten Weltkrieg: Im Juli und August 1943 starben etwa 37 000 Menschen in dem erstmals in der Kriegsgeschichte angefachten Feuersturm, der große Teile der Stadt verwüstete. Die meisten Ruinen verschwanden schon in den 50er Jahren, doch Spuren des Krieges sind bis heute sichtbar geblieben. Die zerborstenen Mauern der neugotischen Nikolaikirche mit ihrem 145 Meter hohen Turm, die im Gegensatz zu zahlreichen anderen Baudenkmälern nicht

wiederhergestellt wurde und heute ein Mahnmal ist, erinnert daran. Auch die Dominanz der Nachkriegsbebauung ist eine Folge der Zerstörungen, mehr als die Hälfte der Bausubstanz entstand erst nach 1945. Natürlich hat es – wie in allen anderen kriegszerstörten deutschen Großstädten – beim Wiederaufbau Fehlleistungen gegeben, doch der Charakter und die Schönheit Hamburgs blieben glücklicherweise davon unberührt. Vieles mag hier eine Rolle gespielt haben: das in der Stadt stets lebendig gebliebene Bewußtsein der eigenen Geschichte, der aus hanseatischem Traditionsbewußtsein herrührende Wunsch nach dem Wiedererstehen vertrauter Bauwerke und nicht zuletzt die architektonisch-städtebauliche Verpflichtung, die sich aus der einzigartigen Topographie Hamburgs ergibt. Die Lage zwischen Elbe und Alster, der Hafen mit der Kulisse der Docks und Kräne, die Fleete, die von zahllosen Brücken überspannt werden, und die Kanäle, in deren stillen Wasserflächen sich manchmal die weißen Fassaden stilvoller Villen spiegeln, gehören zu jenen maßstabgebenden Hamburger Konstanten, die die Stadt vor architektonischer Beliebigkeit bewahrt haben. Hamburgs Schönheit läßt sich auf vielfältige Weise nachspüren: beim Spaziergang an der Elbe oder am Jungfernstieg, bei der Fahrt mit dem Alsterdampfer, vor den Kunstwerken in den zahlreichen Museen und Ausstellungen der Stadt, beim Konzert in der Musikhalle oder einem Theaterbesuch. Die Gesichter der Stadt sind so verschiedenartig wie ihre Bewohner, von denen manche stolz darauf sind, daß ihre Familien seit Generationen hier ansässig sind. Doch andere fühlen sich nicht weniger heimisch, obwohl sie erst seit kurzer Zeit hier leben. Dank seines Hafens gilt Hamburg schon immer als „Tor zur Welt", das bis heute Tag für Tag in beiden Richtungen passiert wird. Was in anderen Städten als exotisch bestaunt wird, ist hier ganz normal. Die Begegnung von Nationen und Kulturen steht in Hamburg tagtäglich auf dem Programm: Ganz unspektakulär und meistens – durchaus nicht nur auf materielle Weise – bereichernd, gehört das zur Faszination einer Weltstadt, die sich provinzielle Intoleranz weder leisten kann noch will. In zehn Kapiteln, begleitet von einer großen Auswahl faszinierender Fotos, möchte das Hamburger Abendblatt Sie mit diesem völlig neu gestalteten Bildband zu Streifzügen durch unsere Stadt einladen. Dabei werden Sie natürlich den berühmten und vertrauten Bauwerken und Motiven wiederbegegnen, aber auch Bekanntes auf ungewohnte Weise kennenlernen und manche unerwartete Entdeckung machen. Denn selbst für Kenner hält Hamburg immer wieder Überraschungen bereit.

Matthias Gretzschel

Delightful Hamburg

I should really get off the train here at Central Station, but I remain in my seat. The train slowly pulls out of the dark station building, and then at last comes the moment I never fail to enjoy whenever I return to Hamburg: to my left, I see the buildings of the Art Gallery, followed immediately by the gleaming white Hotel Atlantic on the right. Beyond, I catch my first glimpse of the Outer Alster. Although the train is moving slowly, it is still much too fast for my liking, for now we are rolling across Lombard Bridge and I can't decide where to look first. To my right, boats with white sails and brightly coloured pennants are rocking gently up and down on the waves of the Outer Alster. To my left, the city shows off its finest, world-famous scenery: the Inner Alster with its soaring fountain, in the background the Jungfernstieg with its moorings for the Alster fleet. Across Reesendamm Bridge I catch a fleeting glance of the Alster Canal and the Town Hall. Then, against a backdrop of splendid houses and high towers, the Alster Pavilion comes into view, where – unless it is in the throes of changing hands yet again – colourful sunshades sparkle resplendently on the terrace. Right next door on Neuer Jungfernstieg is the famous Hotel Vier Jahreszeiten.

It is like being at the cinema, and I wish I could stop the film and enjoy the individual pictures at my leisure. I just manage to catch sight of the Esplanade before the train pulls into Dammtor Station, where the tracks are spanned by a glass hall with art nouveau ornamentation. The city generously displays its charms the moment one arrives. The atmosphere is inviting, open, spacious – and yet at times almost intimate. Hamburg is an old city, whose history dates back to the settlements of the 7th and 8th centuries. That only few traces of that distant past remain between the Rivers Elbe and Alster is due mainly to two fateful events. The Great Fire raged through Hamburg from 5th to 8th May 1842, destroying almost one third of the city and, although it was rebuilt immediately afterwards in keeping with the modern urban architecture of those days and was even given a new and splendid centre – the Market Square at the Town Hall and the Alster Arcades – the greater part of the mediaeval buildings was lost for ever. One hundred years later, however, the Allied air raids in World War II were to prove much more tragic and devastating, with even more serious consequences: in July and August 1943, some 37,000 people were killed in the first such conflagration in the history of the war, which ravaged the major part of the city. Although most of the ruins disappeared during the 50s, some traces of the war are still visible today. In contrast to many other historical buildings, the shattered walls of St. Nicholas' have not been restored, so that this neo-Gothic church with its 145-metre steeple now has the character of a memorial, reminding us of the war. The dominance of post-war architecture is also a result of the previous destruction, more than half the buildings having been erected after 1945. Needless to say, architectural mistakes were made in rebuilding the city, as they were in all the other major German cities which had been destroyed during the war, but the character and beauty of Hamburg have fortunately remained unaffected by those errors. This may be attributed to many factors: the people of Hamburg's vivid awareness of their own history, the desire, rooted in Hanseatic tradition-consciousness, to see familiar buildings resurrected and not least the architectural and town planning necessities that derive from Hamburg's unique topography. The city's location between Elbe and Alster, the port with its backdrop of docks and cranes, the narrow canals criss-crossed by countless bridges and their wider counterparts in whose waters the white facades of elegant villas are reflected: all of these make up the Hamburg constants which have saved the city from arbitrary architectural experimentation. There are numerous ways to explore Hamburg's beauty: take a walk along the Elbe or the Jungfernstieg, take a steamboat trip around the Alster, admire the works of art in the city's many art galleries and exhibitions, enjoy a concert at the city hall or spend a night at the theatre. The faces of the city are as varied as those of its inhabitants, many of whom are proud to say that their families have lived here for generations. Others however feel just as much at home, although they only moved here a short while ago. Thanks to its port, Hamburg has always been regarded as a "Gateway to the World" – a gateway through which ships still pass in both directions day in, day out. Things that are elsewhere prized as exotic are considered perfectly normal here. The encounter between nations and cultures takes place in Hamburg each and every day: something quite unspectacular and usually enriching, by no means only in the material sense. This is all part of the fascination of a cosmopolitan city, which can neither afford provincial intolerance, nor is willing to accept it. In the following ten chapters of this completely revised work, accompanied by a wide selection of fascinating photographs, the Hamburger Abendblatt invites you to stroll around our city. It revisits famous and familiar buildings and motifs, but also reveals new aspects to old favourites and makes a few unexpected discoveries. Even for the connoisseur, Hamburg can still come up with a surprise or two.

Matthias Gretzschel

St. Petri gehört zu den fünf Hauptkirchen der Hansestadt.

St. Peter's is one of the five main churches in the city.

L'église St-Pierre fait partie des cinq églises principales de la ville hanséatique.

San Pedro es una de las cinco iglesias más importantes de Hamburgo.

Merkur, der Gott der Diebe und der Händler, ziert als goldene Figur den Turm der früheren Hauptpost, in deren Gebäude heute das Museum für Kommunikation untergebracht ist.

A golden sculpture of Mercury, the god of thieves and tradesmen, crowns the tower of the former post office building that now houses the Museum of Communication.

Mercure, le dieu des voleurs et des marchands, constitue le décor du portique d'entrée de la poste centrale qui abrite aujourd'hui le Musée de la Communication.

La figura dorada de Mercurio, el dios de los ladrones y comerciantes, adorna la torre del edificio del antiguo correo central, donde hoy está ubicado el Museo de Comunicaciones.

Hambourg la Belle

A vrai dire, je devrais descendre à la gare principale, mais je reste tout simplement assis. Lentement, le train quitte le bâtiment sombre de la gare, et alors arrive enfin le moment que je savoure de nouveau chaque fois que je reviens à Hambourg : à gauche je vois les bâtiments du Musée des Beaux-Arts, juste après à droite l'Hôtel Atlantic blanc comme neige. Derrière, je peux entr'apercevoir le plan d'eau du Aussenalster. Le train roule certes lentement, mais pour moi ça va beaucoup trop vite car maintenant nous roulons sur le pont Lombardsbrücke, et je ne sais plus où je dois regarder pour commencer. A droite, sur les vagues douces de l'Aussenalster, se balancent des embarcations avec des voiles blanches et des petits fanions multicolores. Et à gauche la ville montre son bon côté : le plan d'eau du Binnenalster avec la fontaine au gros bouillonnement, derrière l'artère du Jungferstieg avec l'embarcadère-débarcadère de la flotte de l'Alster, une échappée fugitive au-dessus du pont Reesendammbrücke jusqu'à l'Alsterfleet (système de canaux) et l'hôtel de ville. Nous voici devant un décor de maisons majestueuses et des tours élevées du Alsterspavillon (café-restaurant), sur la terrasse duquel brillent des parasols multicolores, à moins qu'il n'y ait à nouveau un changement de propriétaire en ce moment, et à côté près de la Neue Jungfernstieg le célèbre Hotel Vier Jahreszeiten (Hôtel des quatre saisons).

C'est comme au cinéma, et je voudrais arrêter le film pour pouvoir savourer chaque image en toute quiétude. Je peux juste encore jeter un regard sur l'esplanade, et déjà le train se rapproche de la gare du Dammtor, dont le hall en verre est tendu avec des ornements de style 1900 au-dessus des voies. Dès qu'on arrive, la ville révèle généreusement ses charmes. Elle donne l'impression de nous inviter et d'être ouverte, étendue et parfois de nouveau presque intime.

Hambourg est une ville ancienne dont l'histoire de l'habitat remonte jusqu'aux 7è et 8è siècles. Le fait que, entre l'Elbe et l'Alster, on ne voit plus que de rares témoignages de ce lointain passé a un rapport surtout avec deux événements fatals : le « grand incendie » fit rage entre le 5 et le 8 mai 1842 et un tiers de l'ancienne ville fut la proie des flammes. A la suite de cet événement, Hambourg put certes être reconstruite avec des concepts d'urbanisme extrêmement modernes pour l'époque : avec le Rathausmarkt et les Alsterarkaden (arcades), la ville reçut en plus un nouveau centre splendide, mais la plus grande partie des édifices moyenâgeux fut perdue pour toujours. Cent ans plus tard, les bombardements des flottes aériennes alliées pendant la deuxième guerre mondiale s'avérèrent encore plus tragiques, plus dévastatrices et plus lourdes de conséquences ; en juillet et en août 1943, environ 37000 personnes périrent dans la tempête de feu attisée pour la première fois dans l'histoire mondiale qui dévasta de grandes parties de la ville. La plupart des ruines disparurent déjà dans les années 50, mais des

traces de la guerre sont restées visibles jusqu'à aujourd'hui. Les murs qui ont volé en éclats de l'église Nikolai en gothique moderne avec sa tour de 145 mètres de hauteur, qui n'ont pas été reconstruits contrairement à de nombreux autres monuments et ont aujourd'hui le caractère d'un monument expiatoire, rappellent cette époque. De même le caractère prédominant de l'urbanisation de l'après-guerre est une conséquence des destructions : plus de la moitié des constructions n'a vu le jour qu'après 1945. Naturellement, comme dans toutes les autres grandes villes allemandes détruites par la guerre, il y a eu des actes manqués lors de la reconstruction, mais le caractère et la beauté de Hambourg sont sortis intacts de cette destruction. Beaucoup de choses ont pu jouer un rôle dans le cas présent : la prise de conscience de sa propre histoire restée vivante dans la ville, le désir de voir se relever des édifices familiers qui proviennent de la prise de conscience de la tradition hanséatique et en particulier l'obligation en matière d'architecture urbaniste qui résulte de la topographie de Hambourg unique en son genre. Son emplacement entre l'Elbe et l'Alster, le port avec les décors des docks et des grues, les «fleet» (système de canaux navigables), sur lesquels ont été jetés de nombreux ponts et les canaux dans les plans d'eau desquels se reflètent parfois les façades blanches de villas qui ont du style, font partie des constantes de Hambourg qui donnent la mesure et ont préservé la ville de l'arbitraire architectonique. On peut chercher à pénétrer la beauté de Hambourg de diverses manières : en se promenant près de l'Elbe ou sur la Jungfernstieg, en faisant un tour avec le bateau à vapeur sur l'Alster, en passant devant les chefs d'oeuvre visibles dans les nombreux musées et expositions de la ville, en allant au concert dans la Musikhalle ou en se rendant au théâtre. Les aspects de la ville sont aussi diversifiés que leurs habitants, dont certains sont fiers que leurs familles habitent ici depuis des générations. Cependant, d'autres personnes se sentent moins dépaysés, bien qu'ils ne vivent ici que depuis peu de temps. Grâce à son port, Hambourg est toujours considérée comme la «porte du monde», qui est traversée jusqu'ici, jour après jour, dans les deux sens. Ce qui est ressenti dans d'autres villes comme quelque chose d'exotique est tout à fait normal ici à Hambourg. La rencontre des pays et des cultures est inscrite tous les jours au programme à Hambourg. Tout à fait non spectaculaire et généralement enrichissant (en aucune façon de façon matérielle), cela fait partie de la fascination d'une métropole qui ne peut pas et ne veut pas s'offrir l'intolérance de la province. Dans dix chapitres, accompagnés par une grande sélection de photos fascinantes, le journal Hamburger Abendblatt voudrait vous inviter à faire des incursions dans notre ville avec ce nouveau volume de photographies de conception entièrement nouvelle. Au cours de ces promenades, vous rencontrerez de nouveau naturellement les édifices et motifs célèbres et familiers, mais vous ferez également la connaissance de choses inconnues de façon inhabituelle et certaines personnes feront des découvertes inattendues, car même pour les connaisseurs, Hambourg prépare toujours des surprises.

Matthias Gretzschel

Bello Hamburgo

En realidad debería apearme en la estación central, pero permanezco sentado. Lentamente el tren sale de la estación y, entonces, por fin llega el momento que espero con ansia cada vez que vuelvo a Hamburgo: a mi izquierda puedo ver los edificios de la Kunsthalle, inmediatamente después a mi derecha aparece el níveo Hotel Atlantic. Detrás de él veo fugazmente el Alster exterior. Aunque el tren avanza lentamente, a mí me parece que volamos porque ya estamos pasando por el puente de Lombard y ya no sé dónde mirar. A mi derecha sobre las suaves olas del Alster exterior se balancean botes blancos con banderolas multicolores, y a mi izquierda la ciudad luce sus mejores galas: el Alster interior con la burbujeante fuente, detrás, la calle Jungfernstieg con el atracadero de la flota del Alster, una rápida mirada al puente Reesendamm, al canal del Alster y al ayuntamiento. Después, aparece el decorado de las casas señoriales y las altas torres detrás del pabellón del Alster en cuya terraza, a no ser que justamente se esté produciendo un cambio de propietario, pueden verse sombrillas multicolores y al lado, en la Neuer Jungfernstieg se alza el famoso Hotel Vier Jahreszeiten (Hotel Cuatro Estaciones).

Es como una película y yo quisiera parar la proyección para poder recrearme con tranquilidad con cada una de las imágenes. Sólo tengo tiempo de echar una mirada a la avenida Esplanade y el tren ya se aproxima a la estación Dammtor, cuyo recinto vidriado con ornamentos de estilo modernista cubre las vías. Solo llegar, la ciudad revela sus muchos atractivos, produciendo una impresión de ciudad acogedora, abierta, amplia y en ocasiones, casi íntima. Hamburgo es una villa antigua cuyos orígenes se remontan a los siglos VII y VIII. El hecho de que haya muy pocos testimonios de este lejano pasado entre los ríos Elba y Alster obedece sobre todo a dos aciagos sucesos. Del 5 al 8 de mayo de 1842 el "gran incendio" causó estragos, destruyendo un tercio de la ciudad. Hamburgo se reconstruyó siguiendo los, por aquel entonces, principios constructivos más modernos y el mercado del ayuntamiento y las arcadas del Alster le confirieron un espléndido centro, pero la mayor parte de los edificios medievales se perdieron para siempre. Todavía más trágicos, devastadores y catastróficos fueron los bombardeos de la flota aérea aliada durante la II Guerra Mundial cien años más tarde: en julio y agosto de 1943 aproximadamente 37.000 personas perecieron a consecuencia del primer bombardeo de la guerra, que asoló gran parte de la ciudad. Casi todas las ruinas se retiraron en los años 50, pero las huellas de la guerra todavía son visibles hoy en día. Los muros en ruinas de la iglesia neogótica de San Nikolai con su campanario de 145 metros de altura, que al contrario que muchos otros monumentos no fue reconstruida, recuerda lo sucedido.

Asimismo la preponderancia de las edificaciones levantadas después de la guerra es una consecuencia de la destrucción; más de la mitad de los edificios de Hamburgo fueron construidos después de 1945. Naturalmente, tal como ocurre en todas las grandes ciudades alemanas destruidas durante la guerra, también se cometieron errores en la reconstrucción, pero afortunadamente, el carácter y la belleza de Hamburgo se preservaron. Muchas razones contribuyeron a ello: la conciencia de la propia historia siempre viva en la ciudad, el deseo surgido de la percepción de la tradición hanseática de volver a levantar construcciones conocidas y no hay que olvidar la exigencia arquitectónica y urbanística que implica la topografía única de Hamburgo. Su situación entre los ríos Elba y Alster, el puerto con su decorado de diques y grúas, los canales atravesados por numerosos puentes y en cuyas aguas tranquilas a veces se reflejan las blancas fachadas de las elegantes villas, son algunas de las constantes de Hamburgo que han salvaguardado la belleza arquitectónica de la ciudad. La belleza de Hamburgo puede saborearse de muy distintas maneras: paseando junto al Elba o por la Jungfernstieg, navegando con los vapores del Alster, contemplando las obras de arte en los numerosos museos y exposiciones de la ciudad, en un concierto en la Musikhalle o yendo al teatro. Los rostros de la ciudad son tan variados como los de sus habitantes, algunos de los cuales se enorgullecen de que sus familias vivan aquí desde hace generaciones, mientras que otros se sienten igualmente hamburgueses aunque se hayan mudado hace poco. Gracias a su puerto, Hamburgo ha sido siempre una "puerta abierta al mundo", que hasta el día de hoy se ha utilizado día a día en ambas direcciones. Lo que en otras ciudades causa sensación por exótico, aquí es el pan de cada día. La reunión de naciones y culturas ocurre en Hamburgo a diario, como algo natural y enriquecedor no sólo a nivel material, contribuyendo a la fascinación de una metrópoli que no puede ni quiere caer en la intolerancia provinciana. El periódico Hamburger Abendblatt desea invitarle a conocer nuestra ciudad con este libro totalmente revisado que comprende diez capítulos acompañados de espléndidas fotografías. En él encontrará naturalmente los edificios y los motivos célebres y habituales, pero también podrá contemplar lo conocido desde una perspectiva nueva y hacer descubrimientos inesperados, ya que incluso los que conocen Hamburgo como la palma de su mano, siempre se llevan sorpresas.

Matthias Gretzschel

St. Katharinen ist die einzige Hamburger Hauptkirche, die nach einer Frau benannt wurde. Eine Figur auf dem Kirchendach erinnert an die heilige Katharina.

St Katharine is the only principal church in Hamburg that was named after a woman. A figure on the church roof recalls saint Katharine.

Sainte Catherine est la seule grande église de Hambourg qui porte le nom d'une sainte. Une statue sur le toit de l'église nous rappelle Sainte Catherine.

Santa Catalina (St. Katharinen) es la única iglesia principal con nombre de mujer.

*B*lick über das Rathaus in Richtung Hafen. Nach Fassadenreinigung und jahrelanger Restaurierung erstrahlt Hamburgs Rathaus wieder in hellen Farben.

*V*iew across the town hall towards the harbour. After years of restoration work and a cleaning of its facade Hamburg town hall shines again in light colours.

*V*ue de la Mairie sur le Port. A la suite de sa rénovation et de sa restauration, la Mairie de Hambourg a retrouvé ses belles couleurs claires d'origine.

*V*ista sobre el ayuntamiento en dirección al puerto. Después de limpiar la fachada y de un largo período de restauración, el ayuntamiento de esta ciudad brilla otra vez en colores claros.

*A*lltägliche Kontraste: der Turm von
St. Katharinen, die Dachlandschaft der
Speicherstadt und im Hintergrund ein
Intercity-Express.

*E*veryday contrasts: the tower of
St. Catherine's, the roofscape of the
warehouse district and in the
background, an Intercity express.

*C*ontrastes quotidiens : la tour de
l'église Ste-Catherine, le paysage de
toits de la Speicherstadt et à l'arrière-
plan un train express intervilles.

*C*ontrastes cotidianos: el campanario
de Santa Caterina, los tejados de
los almacenes y al fondo un intercity.

*W*ährend des Sommers sprudelt in der Binnenalster eine hohe Fontäne. Hinter dem Jungfernstieg: das Rathaus und vier Kirchtürme.

*D*uring the summer, a fountain leaps and sparkles in the Inner Alster. Behind the Jungfernstieg: the Town Hall and four church towers.

*A*u cours de l'été, une grande fontaine bouillonne dans le bassin du Binnenalster. Derrière l'artère Jungfernstieg, l'hôtel de ville et les tours des quatres églises.

*E*n verano una gran fuente se alza en el Alster interior. Detrás del Jungfernstieg: el ayuntamiento y las torres de quatro iglesias.

*V*on einzigartigem Reiz sind die Fassaden der Speicherstadt. Die neugotischen Formen geben diesen Zweckbauten aus dem späten 19. Jahrhundert ein besonderes Gepräge.

*T*he façades of the warehouse district have a unique charm. The neo-Gothic styles give these late 19th century purpose-built ware-houses a special character.

*L*es façades de la Speicherstadt ont un charme unique. Les formes du gothique moderne donnent un cachet particulier à ces constructions purement utilitaires datant de la fin du 19è siècle.

*L*as fachadas de los almacenes poseen un atractivo único. Las formas neogóticas dan un toque especial a estos funcionales edificios de finales del siglo XIX.

*M*it elegantem Schwung überspannt die
1973/74 erbaute Köhlbrandbrücke die
bunten Containergebirge des Hafens.

*B*uilt in 1973/74, the elegant sweep of
Köhlbrand Bridge spans the mountains
of colourful containers in the docks.

*L*e pont Köhlbrandbrücke construit en
1973/74 enjambe avec un mouvement
rapide et élégant les montagnes de
conteneurs aux couleurs variées du port.

*C*on elegancia el puente Köhlbrand
construido en 1973/74 pasa por encima
de la multicolor mole de contenedores
en el puerto.

Riesengroß und schwerfällig ist die Freja Svea, die von zwei Schleppern in Position gebracht wird. Im Vordergrund eine Barkasse der Hafenrundfahrt.

Huge and ponderous, the Freja Svea is pulled into position by two tugs. In the foreground, a launch takes tourists round the harbour.

Le Freja Svea, qui est amené en position par deux remorqueurs, est gigantesque mais d'aspect lourdaud. Au premier plan une barcasse pour la visite du port en bateau.

Dos remolcadores colocan en posición al enorme pero lento Freja Svea. En primer plano una barcaza que da la vuelta al puerto.

*D*ie Außenalster ist ein beliebtes
Segelrevier mitten in der Millionenstadt.
Die grünen Ufer sind von prachtvollen
Villen gesäumt, die teilweise noch aus
dem späten 19. Jahrhundert stammen.

*A*t the heart of the huge metropolis, the
Outer Alster is a popular place for sailing.
Its green banks are lined by splendid
villas, some of which date back to the late
19th century.

L'Aussenalster est un bassin aimé pour
les voiliers au milieu de la ville d'un
million d'habitants. Les rives verdoyantes
sont bordées de somptueuses villas
qui datent en partie encore de la fin du
19è siècle.

*E*l Alster exterior es un lugar para
practicar la vela en medio de la metrópoli.
Sus verdes orillas están ocupadas por
lujosas villas que en parte provienen de
finales del siglo XIX.

Schlendern, schauen, Schnäppchen kaufen: Es sind vor allem Touristen, die allsonntäglich den Hamburger Fischmarkt besuchen und dabei auch den Blick auf die Hafenszenerie genießen.

Strolling, looking, hunting for bargains: It is mainly tourists who visit the Hamburg fish market each Sunday, enjoying the views of the harbour scenery.

Shopping, balader, tout simplement regarder: Ce sont surtout les touristes qui viennent au Marché aux Poissons (Fischmarkt) du dimanche matin. La vue sur le port y est magnifique.

Pasear, mirar, comprar gangas: Son, sobre todo, los turistas que todos los domingos visitan el Mercado del Pescado (Fischmarkt) y, al mismo tiempo, disfrutan del escenario portuario.

*G*leich nachdem die Besucher zur Eröffnung des Tierparks 1907 dieses Tor passiert hatten, sahen sie zum erstenmal wilde Tiere ohne Käfig. Auch heute noch gehört Hagenbeck zu Hamburgs großen Attraktionen.

*W*hen in 1907 visitors passed the gates of the newly opened Hagenbeck Zoo, they saw, for the first time, wild animals without cages. Hagenbeck has remained one of the big Hamburg attractions to this very day.

*D*ès son ouverture en 1907, les premiers visiteurs du Zoo ont pu voir, pour la première fois, des animaux sauvages en dehors d'une cage. Aujourd'hui, le Zoo Hagenbeck (Hagenbeck Tierpark) compte parmi les grandes attractions touristiques de Hambourg.

*D*espués de cruzar en la inauguración del zoo en 1907 por primera vez este portal, los visitantes vieron por primera vez animales salvajes sin jaulas. Todavía hoy es el zoo de Hagenbeck una de las mayores atracciones de Hamburgo.

Die Kirche von Nienstedten wurde 1750/51 als barocker Fachwerkbau errichtet.

The baroque half-timbered Nienstedten Church was built in 1750/51.

L'église de Nienstedten a été érigée en 1750/51 sous la forme d'une construction baroque à colombage.

La iglesia de Nienstedten se construyó en 1750/51 como edificio barroco con paredes entramadas.

Die Stadt am Wasser:
Zwischen Elbe und Alster

Auf der Bank vor dem Blankeneser Markt sitzt unter dem Baldachin einer blühenden Kastanie ein Akkordeonspieler. „Ein Schiff wird kommen..." schnaubt das Schifferklavier sehnsüchtig, und die eiligen Passanten bleiben, den Einkaufskorb in der Armbeuge, einen Moment stehen und sehen auf den Mann und seinen mit Münzen gefüllten Filzhut auf dem Boden vor der Bank.

Der Wind weht die Melodie der Elbe zu.

Steil führt die Strandtreppe zwischen Blumengärten, buckligen Reetdächern und von Clematis umrankten Portalen bergab. Lila Fliederwogen branden gegen Gründerzeitfassaden, schwappen über Mauern und Zäune.

Das nobel herausgeputzte Strandhotel am Fuß der Treppe stammt aus der zweiten Hälfte des 19. Jahrhunderts, in der sich Blankenese vom Fischerdorf zum vielbesuchten Ausflugsziel gewandelt hat.

Ein schmuddeliger Zottelhund wälzt sich, kregel alle vier Beine himmelwärts gereckt, auf dem warmen Ponton der Anlegestelle. Auf der Reling des herannahenden Hadag-Dampfers balancieren zwei betuliche Möwen. Die Passagiere an Deck, Touristen zumeist, blinzeln entspannt in die Sonne.

Sanftes Entlanggleiten an grünen Uferhöhen.

Hamburg, du schöne Wasserreiche!

Dicht neben dem Fluß bewegen sich en miniature Spaziergänger, Jogger und Radfahrer.

Der Schiffsleib vibriert leise, schnurrt wie ein satter zufriedener Kater. Manchmal, wenn sich das Laub der Gärten und Parks öffnet, fällt der Blick auf prächtige Villen, Wiesen, Terrassen, Kirchtürme mit barocken Kupferzwiebeln...

Für den Fremden ist jeder Ausblick neu und beglückend, für den Hamburger vertraut und anheimelnd.

Gibt es etwas Schöneres, als sich so an einem sonnigen Sonntagmorgen von den Elbwellen langsam der Stadt entgegenwiegen zu lassen?

Gibt es nicht! Oben führt die Elbchaussee – die „schönste Straße der Welt", wie Detlev von Liliencron sie nannte – an prächtigen Landsitzen, Parks und üppig blühenden Gärten vorüber.

In der Sonne leuchtet der weiße Kubus des Jenisch-Hauses inmitten grüner Wiesen auf.

Der Hamburger Baumeister Forsmann hat die klassizistische Villa zu Beginn des 19. Jahrhunderts für den Bankier und Senator Martin Johann Jenisch gebaut.

Die Parklandschaft aber, die heute den Namen Jenisch trägt, hat ein anderer gestaltet: Baron Caspar von Voght. Gemeinsam mit seinem Freund Georg Heinrich Sieveking war er Inhaber eines weltumspannenden Handelshauses.

Überall Geschichte, überall Geschichten. Wollte man sich jede erzählen lassen, müßte die Schiffsreise noch endlos so weitergehen.

In Övelgönne reihen sich niedrige Häuser neben dem von Lindenbäumen und nostalgischen Straßenlaternen gesäumten Weg. In den behaglichen alten Ziegelbauten leben die Nachkommen von Lotsen und Fahrensleuten zusammen mit Malern und berühmten Barden.

Es hat etwas Rührendes, wie sich dieser kleine verträumte Kosmos tapfer gegen die unaufhaltsam vordringende Industrie- und Hafenstadt Hamburg mit ihrem Verkehrslärm, ihrem Smog und ihrer Unrast abzuschotten versucht.

Altona gleitet heran. Für einen kurzen Moment bohrt sich die patinagrüne Pickelhaube der Christianskirche durch das Laub. Hier hat der Dichter Klopstock, der als dänischer Staatsrat in der Hansestadt wohnte, seine letzte Ruhestätte gefunden.

Bevor das Schiff hart Backbord schwenkt und auf die Landungsbrücken zuschäumt, können die Passagiere noch einen Blick auf den Altonaer Fischereihafen, den Fischmarkt, die Hafenstraße und die Kuppel über dem Eingang zum Alten Elbtunnel werfen.

Nur widerstrebend verlassen die sonnendurchwärmten und winddurchwehten Schiffsreisenden das Deck und mengen sich unter die Menschenflut auf dem Landungssteg.

Der Moloch Großstadt hat sie wieder.

Die „Rickmer Rickmers" und die „Cap San Diego", Pommes, Popcorn, erotische Postkarten und Scherzartikel, Cola und Köm, ein Spatz, der mit einem mit Ketchup bekleckerten Pappdeckel im Schnabel mühsam zu starten versucht, eine Frau, die ihm dabei versonnen zusieht, ein U-Bahn-Zug, der sich kreischend in die Kurve legt – das alles wird, mit hundert anderen Eindrücken vermengt, vom erlebnishungrigen Blick der Fremden eingesammelt. Vor einem postkartenblauen Himmel: das Bismarck-Denkmal und der Michel-Turm, das Wahrzeichen Hamburgs.

Wasser umgibt den Wochenend-Flaneur auch auf seinem weiteren Weg durch die Stadt. Auf der Binnenalster schaukeln die Schwäne wie sanft vom Wind bewegte Schaumkronen.

An der Schönen Aussicht sitzen ein paar Hamburger Lebenskünstler und recken das Kinn Richtung Sonne. Hier, umringt von alten Bäumen und prächtigen Villen, hält man vornehm Distanz zum Treiben der geschäftigen Stadt, ihrem aufgeregten Flügelschlag, ihrer Hektik, dem Elend der Süchtigen und Obdachlosen. Unzählige Segelboote schmücken das silberne Paillettenkleid der weiten Wasserfläche.

Auf dem Ufer zur Binnenalster hin entfaltet sich das vertraute Panorama mit der Kennedybrücke, den spitzen Türmen von St. Petri und St. Jacobi, dem Kupfergrün von Rathaus, Michel und St. Katharinen.

Ganz ohne Lokalpatriotismus und Sentimentalität: Hamburg ist eine schöne Stadt! Besonders bei blauem Himmel und sanfter Brise. In ihr läßt es sich leben. Und mit den Hamburgern meist auch.

Mathes Rehder

The City on the Water:
between Elbe and Alster

On a bench in front of Blankenese market, an accordion player sits beneath the canopy of a flowering chestnut tree. The yearning strains of "A ship will come ..." emerge from the instrument and passers-by pause for a moment, their shopping baskets in the crook of their arm, to look at the man and the felt hat full of coins on the ground in front of him.

The wind carries the tune off towards the Elbe.

The steps to the beach descend steeply past flower gardens, undulating thatched roofs and gates wreathed in clematis. Waves of fragrant lilac beat against 19th century facades, spilling over walls and fences.

The Strand Hotel at the foot of the steps is elegantly decked out and dates back to the second half of the 19th century, the days when Blankenese changed from a simple fishing village into a popular destination for day trippers.

On the sunny pontoon of the landing stage an unkempt shaggy dog rolls over joyfully, all four paws stretched skywards. Two leisurely gulls perch on the railing of the approaching Hadag steamer, while the passengers on deck – mainly tourists – blink lazily at the sun.

Gently glide by green banks, in Hamburg the beautiful waterside city.

Right beside the river, strollers, joggers and cyclists pass by, looking like miniatures.

The hull vibrates quietly, purring like a contented fat cat. Occasionally, when there is a gap between the foliage of the gardens and parks, we catch a glimpse of magnificent villas, meadows, terraces, church steeples with baroque onion domes of bright copper ...

To the stranger, each view is new and enchanting, to the native Hamburger, it is familiar and welcoming.

Could there be anything better on a sunny Sunday morning than to drift slowly towards the town on the gentle swell of the Elbe?

The answer is simply, no.

Up above us, the Elbchaussee – the most beautiful street in the world, according to Detlev von Liliencron – runs past splendid country houses, parks and luxuriantly blooming gardens.

Jenisch House gleams in the sunlight like a white cube amidst green meadows.

Hamburg architect Forsmann designed this classicist villa for banker and senator Martin Johann Jenisch at the beginning of the 19th century.

But the park that now bears Jenisch's name was designed not by him, but by Baron Caspar von Voght, joint proprietor with his friend Georg Heinrich Sieveking of a world-wide trading company .

History and anecdotes at every turn. If one were to listen to them all, the trip would have to go on forever.

On the banks of the Övelgönne, low buildings stand in line along a narrow road bordered with lime trees and old-fashioned street lamps. In these cosy brick houses, the descendants of pilots and seafarers now live side by side with painters and famous bards.

There is something moving about the way this small, sleepy world bravely tries to stave off the inexorable approach of the noisy traffic, smog and restlessness of Hamburg's industry and port.

Altona heaves into sight. For an instant, the green patinated spiked helmet of St. Christian's church pierces the foliage. This is the burial place of the poet Klopstock, who lived in Hamburg as a Danish councillor of state.

Before the ship steers hard to port and makes its way to the landing stages, the passengers can catch another fleeting glimpse of Altona fishing port, the fish market, the notorious Hafenstrasse and the dome above the entrance to the old Elbe Tunnel.

The sun-drenched and wind-blown voyagers disembark reluctantly to mingle with the crowds on the jetty, returned once more to the Moloch that is Hamburg.

The Rickmer Rickmers and the Cap San Diego, chips and popcorn, erotic postcards and joke articles, Coke and corn schnapps, a sparrow desperately trying to take off, its beak clutching a scrap of ketchup-covered cardboard, a woman gazing at it the while, lost in thought, an underground train screaming its way round the corner – all blend with a hundred other experiences to make up the stranger's impression of Hamburg. The Bismarck statue and "Michel", as Hamburg's emblem, the tower of St. Michael's, is affectionately known, stand out against a backcloth of brilliant blue sky.

Water surrounds the weekend visitor as he continues through the city. Swans rock gently on the Inner Alster like crests of foam chased by a gentle breeze.

A couple of Hamburg worthies who know how to enjoy life sit at Schöne Aussicht, their faces tilted towards the sun. Here, surrounded by ancient trees and splendid villas, one keeps a respectable distance from the hustle and bustle of the city, from its restlessly beating wings, its hectic pace, the misery of the drug addicts and the homeless. A myriad of yachts sparkle on the silver sequinned coat of the wide waters of the lake.

The familiar panorama of Kennedy Bridge, the pointed towers of St. Peter's and St. Jacob's, the verdigris-covered roofs of the Town Hall, St. Michael's and St. Catherine's unfolds on the opposite bank.

All local patriotism and sentimentality aside, there is no doubt that Hamburg is a beautiful city. Particularly when the sky is blue and a gentle breeze blowing. One can get along fine here. And – usually – with the people of Hamburg, too.

Mathes Rehder

Die St. Georg ist der letzte Alsterdampfer, der noch mit Dampf betrieben wird.

The St Georg is the last Alster steamer that is still actually driven by steam.

Le «St. Georg» est le dernier bateau à vapeur naviguant sur l'Alster.

El San Jorge (St. Georg) es el último barco de vapor por el Alster que todavía funciona con vapor.

Zwei Hamburger Wahrzeichen. Der Fern-meldeturm und der Michel prägen auf sehr gegensätzliche Weise das Stadtbild.

Two emblems of Hamburg: the TV tower and tower of St. Michael's each make a totally different mark on the skyline.

Deux symboles de Hambourg. La tour de télévision et la tour Michel marquent la physionomie de la ville de façon très opposée.

Dos símbolos de Hamburgo: la torre de televisión y San Miguel caracterizan la ciudad de formas opuestas.

La ville au bord de l'eau :
entre l'Elbe et l'Alster

Sur le banc devant le Blankeneser Markt est assis un accordéoniste sous le baldaquin d'un châtaignier en fleur. «Un bateau va arriver...» : dit l'accordéon de façon haletante et langoureuse, et les passants pressés restent un instant, le panier d'achat dans le pli du bras et regardent l'homme et son chapeau feutre rempli de pièces posé au sol devant le banc.
Le vent souffle la mélodie en direction de l'Elbe.
L'escalier raide de la plage descend entre des jardins de fleurs, des toits couverts de roseau décrivant des boucles, et des portails entourés de clématite. Des vagues de lilas déferlent contre les façades datant de l'époque des fondateurs, débordent en passant par-dessus les murs et les clôtures.
L'hôtel de la plage au pied de l'escalier, habillé coquettement et généreusement, date de la deuxième moitié du 19è siècle où Blankenese est passé de l'état d'un village de pêcheurs à un but d'excursion très fréquenté.
Un chien au poil ébouriffé et sale se roule, alerte et les quatre pattes tournées vers le ciel, sur le ponton chaud de l'embarcadère. Deux mouettes prévenantes se balancent sur le bastingage du paquebot de la Hadag qui se rapproche. Les passagers sur le pont, des touristes en général, regardent le soleil détendus et en clignant des yeux.
Glisser en douceur le long des hauteurs verdoyantes du rivage. Hambourg, toi mon beau royaume des eaux !
Juste à côté du fleuve se déplacent en miniature des promeneurs, des gens faisant du jogging et des cyclistes.
Le ventre du bateau vibre doucement et ronronne comme un chat rassasié satisfait. Parfois, lorsque le feuillage des jardins et des parcs s'ouvre, le regard tombe sur de magnifiques villas, des prairies, des terrasses, des clochers avec des bulbes baroques en cuivre.
Toute perspective est nouvelle et donne un sentiment de bonheur pour la personne étrangère, familière et rappelle son chez-soi pour le Hambourgeois.
Y a-t-il quelque chose de plus beau que se laisser bercer lentement lors d'une belle matinée d'un dimanche ensoleillé par les vagues de l'Elbe et aller au-devant de la ville ?
Cela n'existe pas !
En haut passe la Elbchaussee, la «plus belle route au monde», comme le disait Detlev von Liliencron, devant de magnifiques manoirs, parcs et jardins à la floraison luxuriante.
Au soleil, le cube blanc de la maison Jenisch s'illumine au milieu de vertes prairies.
Forsmann, l'architecte de Hambourg, a construit la villa de style néoclassique au début du 19è siècle pour le banquier et sénateur Martin Johann Jenisch.
Cependant, le paysage du parc qui porte aujourd'hui le nom Jenisch a été conçu par un autre personnage : le baron Caspar von Voght : conjointement avec son ami Georg Heinrich Sieveking, il était propriétaire d'une maison de commerce universelle.

Partout de l'histoire, partout des histoires. Si l'on voulait tout se raconter, le trajet en bateau devrait se poursuivre encore indéfiniment.
Près de l'Övelgönne s'alignent des maisons basses à côté du chemin bordé de tilleuls et de réverbères nostalgiques. Dans les anciennes constructions confortables en briques, les descendants de pilotes et de navigateurs cohabitent avec des peintres et des bardes célèbres.
La façon dont ce petit cosmos idyllique tente de se protéger courageusement contre la ville industrielle et la ville portuaire de Hambourg qui progresse irrésistiblement avec son bruit de circulation, son smog et son agitation fébrile, a quelque chose d'émouvant.
Altona se rapproche en glissant. Pour un court instant, le casque à pointe vert patiné de l'église St. Christian fait une percée dans le feuillage. Le poète Klopstock, qui a habité à Hambourg en tant que conseiller d'Etat, a trouvé ici sa dernière demeure.
Avant que le bateau tourne violemment à bâbord et fasse de l'écume sur les appontements, les passagers peuvent encore jeter un regard sur le port de pêche de Altona, le marché aux poissons, la rue du port et la coupole au-dessus de l'entrée de l'Elbtunnel (tunnel de l'Elbe).
Les gens qui voyagent en bateau, bien chauffés par le soleil et balayés par le vent, ne quittent le pont qu'à contre-coeur et s'accumulent dans le flot humain sur le passerelle.
La grande ville-pieuvre les retrouve.
Les Rickmer Rickmers et les Cap San Diego, Pommes frites, pop-corn, cartes postales érotiques et farces-attrapes, Cola et cumin, un moineau qui tente de prendre son envol péniblement avec un carton taché de ketchup dans le bec, une femme qui le regarde songeuse, une rame de métro qui se penche en prenant le virage dans un bruit de crissement – tout cela est recueilli par le regard des étrangers qui a soif d'aventures, mélangé avec cent autres impressions. Devant un ciel bleu carte postale : le monument Bismarck et la tour Michel, l'emblème de Hambourg.
L'eau entoure le flâneur du week-end également sur son autre chemin à travers la ville. Sur la Binnenalster, les cygnes se balancent comme des moutons d'écume mus doucement par le vent.
A Schöne Aussicht, quelques Hambourgeois qui savent organiser leur existence sont assis et relèvent le menton en direction du soleil. Ici, entouré par de vieux arbres et de magnifiques villas, on garde élégamment ses distances par rapport à l'agitation de la ville affairée, son battement d'ailes énervé, sa fébrilité, la misère des toxicomanes et des sans-abri. D'innombrables voiliers décorent le vêtement à paillettes argentées de la grande surface d'eau.
Sur la rive opposée se déploie le panorama familier avec le pont Kennedy, les tours pointus de St-Pierre et St-Jacques, le vert cuivre de l'hôtel de ville, Michel et Ste-Catherine.
Tout à fait sans patriotisme de clocher et sans sentimentalité, on peut dire qu'Hambourg est une belle ville, surtout avec un ciel bleu et une brise douce. Il fait bon vivre ici, et avec les Hambourgeois, en général, également.

Mathes Rehder

La ciudad junto al agua:
entre el Elba y el Alster

Ante el mercado Blankenese en un banco situado bajo un castaño en flor está sentado un acordeonista. "Un barco llegará …" toca melancólicamente con su instrumento, y los pasantes se detienen un momento, con la cesta de la compra en el brazo y contemplan al hombre y a su sombrero de fieltro lleno de monedas en el suelo ante el banco.

El viento lleva la melodía hasta el Elba. La empinada Strandtreppe (escalera de la playa) desciende entre jardines de flores, tejados de caña inclinados y portales enmarcados por clemátides. Ramas de lilas crecen contra las fachadas de los antiguos edificios, escalando muros y vallas.

El noble y engalanado Strandhotel a los pies de la escalera fue construido en la segunda mitad del siglo XIX, cuando Blankenese pasó de ser un pueblo de pescadores a uno de los lugares más visitados por los excursionistas.

En el pontón del amarradero bañado por el sol, un perro peludo se revuelca, y alegremente estira las cuatro patas hacia arriba. Sobre la borda del vapor Hadag que se aproxima dos simpáticas gaviotas se balancean. Los pasajeros en cubierta, la mayoría de ellos turistas, se relajan disfrutando del tiempo. Deslizarse lentamente a lo largo de verdes orillas.

¡Hamburgo, la bella de las aguas!

Muy cerca del río se mueven las pequeñas figuras de los paseantes, corredores y ciclistas.

El barco vibra silenciosamente, ronroneando como un gato satisfecho. De vez en cuando, cuando se abren parques y jardines, pueden verse lujosas villas, prados, terrazas, campanarios con cúpulas de cobre …

Para el forastero todo es nuevo e inesperado, mientras que para el hamburgués todo es conocido y familiar.

¿Hay algo mejor que aproximarse lentamente a la ciudad en una soleada mañana de domingo navegando sobre las olas del Elba?

¡Claro que no!

Arriba, la Elbchaussee – "la calle más hermosa del mundo", tal como Detlev la calificó – conduce a magníficas residencias veraniegas, parques y frondosos jardines llenos de flores.

Bajo el sol, la blanca casa cuadrada Jenisch resplandece en medio de prados verdes.

El maestro de obras hamburgués Forsmann construyó esta villa en estilo clasicista a principios del siglo XIX para el banquero y senador Martin Johann Jenisch.

No obstante, el parque del mismo nombre fue diseñado por el barón Caspar von Voght. Juntamente con su amigo Georg Heinrich Sieveking, poseía una casa de comercio con negocios en todo el mundo.

Historia e historias por todas partes. Si se contaran todas, la travesía en barco no terminaría nunca.

En Övelgönne se suceden las casas bajas a lo largo del camino bordeado por tilos y viejas farolas. En las acogedoras casas de ladrillo viven los descendientes de los prácticos de puerto y viajantes junto con pintores y famosos cantantes.

Es conmovedor ver como este pequeño y familiar cosmos intenta ganar la batalla a la poderosa ciudad industrial y portuaria de Hamburgo, con su ruidoso tráfico, su contaminación y su ajetreo.

Nos acercamos a Altona. Durante un instante asoma entre la vegetación la punta recubierta de una patina verde de la iglesia Christian, donde descansa el literato Klopstock que vivió en la ciudad hanseática en calidad de consejero de estado danés.

Antes de que el barco vire a babor y se dirija a los desembarcaderos, los pasajeros todavía pueden echar una mirada al puerto de pescadores de Altona, el mercado de pescado, la Hafenstrasse y la cúpula sobre la entrada del viejo túnel del Elba.

Los viajeros abandonan de mala gana la cubierta bañada por el sol y acariciada por la brisa y se confunden con la masa de gente en la pasarela.

La gran ciudad los atrapa de nuevo.

Los barcos museo Rickmer Rickmers y Cap San Diego, patatas fritas, palomitas, postales eróticas y artículos de broma, refrescos, un gorrión que intenta alzar el vuelo con una paperina manchada de ketchup en el pico, una mujer que lo contempla con curiosidad, un metro que dibuja una curva entre chirridos, todo esto se mezcla con cientos de otras impresiones que el turista ávido de sensaciones registra. Bajo un cielo azul de postal se levanta el monumento a Bismarck y el campanario de San Miguel, el símbolo de Hamburgo.

El agua rodea al paseante dominical que prosigue su recorrido por la ciudad. En el Alster interior los cisnes se mecen como coronas de espuma agitadas por el viento.

En la "Schöne Aussicht" descansan algunos hamburgueses maestros en el arte del buen vivir que alzan la cara al sol. Aquí, rodeados por viejos árboles y lujosas villas puede mantenerse a prudente distancia la agitación de la ciudad, su ritmo trepidante, su ajetreo, la miseria de los toxicómanos y los sin techo. Incontables veleros adornan la plateada superficie del agua.

En la orilla opuesta se despliega un familiar panorama con el puente Kennedy, las puntiagudas torres de San Pedro y San Jacobo, el verde cobrizo del ayuntamiento, San Miguel y Santa Catalina.

Sin ningún tipo de patriotismo local y sentimentalismo puede afirmarse que Hamburgo es una hermosa ciudad. Especialmente bajo un cielo azul y una suave brisa. Una ciudad en la que se vive a gusto. Y con sus habitantes normalmente también.

Mathes Rehder

An den Bug eines riesigen Schiffes erinnert die eindrucksvolle Architektur des Chilehauses.

The impressive architecture of Chile House is reminiscent of the bow of a giant ship.

L'architecture impressionnante de la Maison du Chili rappelle l'avant d'un bateau gigantesque.

La proa de un enorme navío recuerda la impresionante arquitectura de la Casa Chile.

Idylle am Ufer des Stroms:
Die malerischen Häuser von Blankenese,
Klein Flottbek oder das Landhaus Baron
Voght in Othmarschen (unten) lassen das
hektische Großstadtgetriebe vergessen.

Idyllic spots on the banks of the river:
the picturesque houses of Blankenese,
Klein Flottbek and Baron Voght's country
house in Othmarschen (bottom) leave the
hectic city life far behind.

Tableau idyllique sur la rive du fleuve :
les pittoresques maisons de Blankenese,
Klein Flottbek ou la maison de campagne
du baron Voght à Othmarschen (en bas)
font oublier l'agitation fébrile de la
grande ville.

Idilio a las orillas del agua: las hermosas
casas de Blankenese, Klein Flottbek
o la residencia del barón von Voght
en Othmarschen (abajo) hacen olvidar el
ajetreo de la gran ciudad.

Häuser und Gärten mit dörflichem Charme und riesige Containerschiffe – in Blankenese sind dies keine unvereinbaren Gegensätze. Das untere Bild zeigt das klassizistische Jenisch-Haus, und rechts oben ist der Uferweg von Övelgönne zu sehen.

Homes and gardens with village charm and enormous container ships – in Blankenese, these are not contradictory. The bottom picture shows the classicist Jenisch House, the top right the embankment walk at Övelgönne.

Maisons et jardins avec un charme villageois et bateaux porte-conteneurs gigantesques – à Blankenese, ce ne sont pas des contrastes. La figure du bas représente la villa Jenisch de style néo-classique et en haut à droite, on peut voir le chemin du rivage de Övelgönne.

Casas y jardines con encanto rural y enormes contenedores – en Blankenese no son opuestos. La foto inferior muestra la casa Jenisch de estilo clasicista y arriba la derecha puede verse el paseo de la orilla de Övelgönne.

*D*ie Elblandschaft hat viele Reize.
Auf dem oberen Bild ist der herrschaftliche
Eingang zum Jenisch-Park zu sehen,
unten der malerische Kirchhof von
Ottensen, auf dem sich das Grab von
Klopstock befindet.

*T*he Elbe district has many attractions.
The top picture shows the magnificent
entrance to Jenisch Park, below is the
picturesque churchyard in Ottensen,
burial place of the poet Klopstock.

*L*e paysage de l'Elbe a de nombreux
attraits. Sur la photo du haut, on peut
voir la somptueuse entrée du parc
Jenisch, et en bas le pittoresque cimetière
de Ottensen ou se trouve la tombe de
Klopstock.

*L*a región del Elba posee muchos
encantos. En la imagen superior puede
verse la señorial entrada del parque
Jenisch, abajo el pintoresco cementerio
de Ottensen, donde se encuentra la
tumba de Klopstock.

Der Alte Elbtunnel wurde in den Jahren 1907 bis 1911 erbaut. Die 1880 entstandene Schwanenwikbrücke gehört zu den schönsten der insgesamt 2 305 Hamburger Brücken.

The old Elbe Tunnel was built between 1907 and 1911. Schwanenwik Bridge dates back to 1880 and is one of the most beautiful of Hamburg's 2,305 bridges.

Le Alte Elbtunnel (ancien tunnel de l'Elbe) a été construit dans les années 1907 à 1911. Le pont Schwanenwikbrücke qui a vu le jour en 1880 fait partie des plus beaux ponts de Hambourg (2305 au total).

El viejo túnel del Elba fue construido entre los años 1907 a 1911. El puente Schwanenwik de 1880 es uno de los más hermosos del total de 2.305 puentes de Hamburgo.

*N*ach dem Fischmarkt kann man sich in der Fischauktionshalle bei Bier und Jazz erholen. Aber auch am Abend ist der Hafen ein Erlebnis – nicht nur wenn die „Queen Elizabeth 2" im Mondschein vorüberzieht.

*A*fter the fish market, visitors can enjoy a beer and jazz in the fish auction rooms. But the harbour by night is also an experience – not only when "Queen Elizabeth 2" passes by in the moonlight.

*A*près le marché aux poissons, on peut se reposer dans la salle de vente aux enchères pour les poissons en buvant une bière et en écoutant du jazz. Cependant, le port est une expérience vécue également le soir, pas uniquement lorsque le « Queen Elizabeth 2 » passe devant le clair de lune.

*T*ras rondar por el mercado de pescado, puede descansar en la sala de subastas de pescado con cerveza y jazz. También por la noche el puerto es toda una sensación, y no sólo cuando el "Queen Elizabeth 2" navega a la luz de la luna.

*D*ie imposante Größe der Speicherstadt zeigt diese Luftaufnahme. Zur Hafenszenerie gehören auch die Hochbahn und seit einigen Jahren das neue Gebäude des Verlagshauses Gruner + Jahr.

*T*his aerial view indicates the vast expanse of the warehouse district. The harbour scene also includes the elevated railway and, for some years now, the new Gruner + Jahr publishing house.

*C*ette vue aérienne montre la taille imposante de la Speicherstadt. Le métro aérien et depuis quelques années le nouveau bâtiment de la maison d'édition Gruner + Jahr font partie des décors du port.

*E*sta fotografía aérea pone de manifiesto la impresionante extensión de la zona de almacenes. En la imagen del puerto también cuenta el ferrocarril elevado y desde hace algunos años el nuevo edificio de la editorial Gruner + Jahr.

*F*ür Spaziergänger und Wassersportler gleichermaßen anziehend ist die Außenalster, an deren Ufer das schneeweiße Atlantic Hotel betuchte Gäste beherbergt.

*T*he Outer Alster is equally attractive for walking and water sports, while the snowy white Hotel Atlantic on its shores offers accommodation for wealthy guests.

*L*e plan d'eau de l'Aussenalster, sur la rive duquel l'Hôtel Atlantic blanc comme neige héberge des clients aisés, est attirant à la fois pour les promeneurs et les amateurs de sports nautiques.

*T*anto paseantes como practicantes de deportes acuáticos se sienten atraídos por el Alster exterior, a cuyas orillas el níveo hotel Atlantic alberga a su adinerada clientela.

*Ein seltenes Naturschauspiel:
Nur bei anhaltender Kälte friert die
Alster vollständig zu.*

*A rare natural phenomenon:
the Alster freezes over only in long
cold spells.*

*Un spectacle rare de la nature :
l'Alster ne gèle complètement qu'en
cas de froid durable.*

*Un insólito espectáculo natural:
el Alster sólo se congela en caso de
frío persistente.*

Der Eindruck täuscht, denn die Nikolaikirche, deren Turm sich hinter dem Giebel erhebt, ist nach der Zerstörung von 1943 nur noch ein Torso.

The impression is deceptive: St. Nicholas' Church, whose tower can be seen rising behind the gable wall, has been no more than a skeleton since it was destroyed in 1943.

L'impression est trompeuse, car l'église St-Nicolas, dont la tour s'élève derrière le pignon, n'est plus qu'un fragment après la destruction de 1943.

Las apariencias engañan, puesto que la iglesia de San Nikolai, cuyo campanario se levanta detrás del frontispicio, sólo es un torso vacío.

Backsteingiebel und Glasfassaden:
Das architektonische Gesicht der Hansestadt

Die Hamburger sind gelegentlich ein unzufriedenes Völkchen. Da spazieren sie durch ihre schön bebauten Straßen und nörgeln unaufhörlich herum. Mal ist es der Backstein, der sie fassadenweise zu langweilen beginnt, mal stört sie der Protz von funkelndem Stahl und blitzblankem Glas. Und der Besucher steht daneben und schüttelt den Kopf.
Er genießt, was die Bürger in ihrer eigenen Stadt oft schon gar nicht mehr sehen: Gleichmäßigkeit und Harmonie, ein einheitliches Stadtbild, in dem der Backstein das Traditionsbewußtsein symbolisiert wie Stahl und Glas den Fortschritt. Manchmal ein bißchen eintönig vielleicht, aber eben verläßlich.
In Hamburg hat sich die hanseatisch zurückhaltende Architektur früherer Jahre längst mit dem Herzeigen wirtschaftlichen Wohlstandes verschmolzen. Und das auf eine partnerschaftliche Art: Selbst da, wo gläserne Paläste entstehen, ist der Backstein gegenwärtig. Er spiegelt sich in den blanken Fronten seiner neuen Nachbarn, deren Schöpfer sich so geschickt aus einer Klemme manövriert haben.
Eigentlich nämlich gehört es sich in Hamburg, aus Backstein zu bauen. Das war zwar, wie die alten Gründerviertel mit ihren Putzbauten zeigen, nicht immer so, aber die historischen Belege sind eindeutig. So hat Alexis de Chateauneuf die Alte Post in Rathausnähe schon 1845 bis 1847 in Backstein entworfen, lange also bevor sich Fritz Schumacher aufgemacht hat, zum „Backsteinpapst" in Hamburg zu werden.
Der Hamburger Oberbaudirektor von 1909 bis 1933 allerdings machte den Backstein zu seinem Material schlechthin. Und zwar nicht jenen gleichmäßig maschinell hergestellten Stein, sondern den handgestrichenen, lebhafteren. Sich damit durchzusetzen war allerdings gar nicht so leicht: Den Hamburgern war dieser Stein zunächst nicht vornehm genug. Deren kritische Haltung zur Architektur hat, wie man sieht, auch eine lange Tradition.
Doch der Oberbaudirektor ließ sich in seiner Konsequenz nicht bremsen. Zumindest die Gebäude, die er beeinflussen konnte und die für den Staat gebaut wurden, entstanden aus Backstein. Das Symbol dieser Schumacherschen Baukultur steht am Gänsemarkt: die Finanzbehörde, mit ihrem soliden Mauerwerk der Spiegel der Kaufmannsstadt schlechthin.
Doch mit dem soliden Mauerwerk ist das inzwischen so eine Sache. Des Oberbaudirektors rötliche Steinfavoriten sind nämlich zur Verblendung degradiert, als echtes Mauerwerk fungieren die Backsteine längst nicht mehr. Vielleicht ist es ja das, was die qualitätsbewußten Hanseaten zum Nörgeln veranlaßt: Mehr Schein als Sein, das tut man nicht.
So dürfte ihnen jener architektonische Wandel gerade zupaß gekommen sein, der einsetzte, als Hamburg seinen wirt-

schaftlichen Schwerpunkt zu verlagern begann und sich auf den Weg zur Dienstleistungsmetropole machte. Der Hafen, das einst pulsierende Herz der Hansestadt, war nun vor allem als Flächenlieferant für Büropaläste interessant.
Das wohl markanteste Bauwerk dieses neuen Trends steht direkt am Elbufer. Der Fährterminal in Altona, entworfen vom Hamburger Architektenteam medium und dem Engländer William Alsop, wurde 1992 fertig und ist, was den Umgang mit Schumacher angeht, geradezu revolutionär. Bei ihm wurde kein einziger Backstein verwendet. Und er bietet zwar viele Glasflächen, hat aber kein Gegenüber aus vergangener Zeit, das sich wirkungsvoll in ihm widerspiegeln könnte. Sein Pendant findet der Schiffsanleger im Terminal 4 auf dem Flughafen, den die Hamburger Architekten Gerkan, Marg und Partner (gmp) entworfen haben.
So konsequent maritim allerdings verhielten sich andere Architekten nicht. Dort, wo sich die backsteinerne historische Speicherstadt in die Höhe zieht, kann man vor Schumachers Lieblingsmaterial ja auch nicht einfach die Augen verschließen. Und so entsteht auf der Kehrwiederspitze ein komplexes und solides Bürozentrum, das zaghaft Speicherelemente aufnimmt, aber wegen der festgelegten Nutzung nicht viel architektonische Entfaltungsmöglichkeiten hat. Die Kehrwiederspitze, an der sich die Londoner Architekten Kohn/Pedersen/Fox und deren Hamburger Kollegen Köhnholt/Kleffel und gmp beteiligten, ist seit Planungsbeginn ein zwischen Stadtplanern und Architekten umstrittenes Projekt.
Das gleiche gilt für einen anderen gigantischen Backsteinkomplex, den die Hamburger Architektenteams gmp, Kleffel/Köhnholt/Gundermann und das Büro Winking Ende der 80er und Anfang der 90er Jahre auf der Fleetinsel realisiert haben. Mag ja sein, daß dort wirklich ein bißchen viel Stein auf Stein gekommen ist, mag auch sein, daß manche Glasfassade zu gewollt vor die Mauer gesetzt wurde. Die blanken Fronten aber bieten Perspektiven, die die Stadt lebendig machen. Augenblicke tun sich auf, die im Spiel des Lichts sekundenschnell wechseln. Wind und Wetter machen aus dem einen Hamburg, dem eigentlich unverwechselbaren, in den Scheiben der Büropaläste eine sich wandelnde Schöne, die man nicht halten kann.
Daß bei derlei glitzernder Vielfalt die hanseatische Zurückhaltung ein wenig in Vergessenheit zu geraten scheint, liegt häufig an denen, die da bauen: internationale Investoren zumal, die gern zeigen, was sie haben, und ortsansässige Großunternehmen, die einfach mithalten müssen. Den Stadtvätern aber können die Glaspaläste nur recht sein, schließlich vermitteln sie durch ihre spiegelnden Fronten den Eindruck, als würde sich der Bauboom verdoppeln. Einem richtigen Hanseaten indes kann es dabei schon ein bißchen genierlich ums Herz werden.

Susanne von Bargen

Brick Gables and Glass Facades –
The Architectural Face of the City

The people of Hamburg are occasionally a discontented lot, carping incessantly as they wander around their beautiful streets. First it is the brick that bores them, when it continues for whole streets at a time, then it is the flashiness of sparkling steel and gleaming glass. Meanwhile, the stranger to Hamburg stands next to them and shakes his head in disbelief.

He appreciates what the locals often fail to see: the symmetry and harmony, a consistent cityscape, where brick is symbolic of tradition and steel and glass stand for progress. Perhaps a bit monotonous at times, but consistently reliable. In Hamburg, the restrained Hanseatic architecture of the past has long since merged with the flaunting of economic prosperity. And the merger was a friendly one: even where glass palaces have sprung up, brick is still to be seen everywhere. It is reflected in the shining face of its new neighbours, whose creators have manoeuvred themselves so skilfully out of a tight spot.

Because really, if you are going to build at all in Hamburg, you should build in brick. That was not always the case, as the old plaster-coated buildings of last century's age of industrial expansion clearly show. But the historic evidence is undeniable. Alexis de Chateauneuf, for example, designed the old Post Office near the Town Hall as a brick building between 1845 and 1847, in other words, long before Fritz Schumacher had set out to become Hamburg's "high priest of brick architecture".

Hamburg's chief town planning officer from 1909 to 1933 did indeed make bricks into his own inimitable material. Not mechanically produced, uniform bricks, but the handmade, highly distinctive variety. However, he met with considerable opposition, as the people of Hamburg found these bricks lacking in elegance. As you can see, their critical attitude to architecture goes back a long way.

But Schumacher was not to be discouraged. All those buildings which he could influence and which were built for the state were made of brick. The epitome of Schumacher's architecture can be seen at Gänsemarkt, where the solid brickwork of the city's inland revenue department perfectly symbolises the character of the mercantile city.

But the solid brick walls are meanwhile not quite what they seem. Schumacher's beloved red bricks have been degraded to mere facing, and have long since ceased to act as "real" walls. Maybe that is exactly what the quality-conscious Hamburgers are complaining about: more appearance than reality just isn't done.

Accordingly, they wholeheartedly welcomed the architectural transformation which set in as Hamburg's economy gradually shifted towards the service industries. The docks, once the throbbing heart of the metropolis, now offered great potential as the provider of space for gigantic office blocks. Probably the most striking building created as part of that new trend can be seen right on the banks of the Elbe. The ferry terminal in Altona, designed by Hamburg architectural team me di um and Englishman William Alsop, was completed in 1992 and, when compared with Schumacher's works, is absolutely revolutionary. This building does not contain one single brick. And although it features vast expanses of glass, it has no opposite number from bygone days which could be effectively reflected in its facades. The nautical building's counterpart can be found in Terminal Four at the airport, designed by Hamburg architects Gerkan, Marg and Partners (gmp).

Other architects, however, did not abide quite so strictly by the maritime concept. Where the brick structures of the historic warehouse district soar skywards, it is indeed impossible to shut one's eyes to Schumacher's favourite material. Accordingly, at Kehrwiederspitze, a complex, solid office block has been built which makes cautious use of some warehouse elements. Owing to the strict conditions imposed on its use, however, it does not offer much scope for architectural diversity. Kehrwiederspitze, designed by London architects Kohn/Pedersen/Fox and their German colleagues Köhnholt/Kleffel and gmp, has been the subject of controversial debate between urban planners and architects ever since the initial planning stages.

The same is true of another enormous brick complex erected on Fleet Isle by Hamburg architects gmp, Kleffel/Köhnholt/Gundermann and the Winking office in the late 80s and early 90s. It may well be that the solid brick construction has been overdone, maybe the one glass facade or other has been all too deliberately placed in front of a brick structure, resulting in a forced look. But these gleaming glass fronts produce perspectives that make the town come alive. The changing light creates instantaneous, flashing views. Wind and weather in the glass panes of the office blocks transform the one Hamburg, the immutable Hamburg, into a fleeting beauty that can never be captured.

And if Hanseatic restraint appears to have been pushed into oblivion when confronted with such glittering variety, that is frequently the fault of those who build there – international investors happy to flaunt their wealth and local magnates who feel compelled to keep pace. These glass palaces suit the city fathers very well, however, as their mirror frontages create the impression that the building boom is twice as big. The true Hamburg traditionalist, though, can't help but feel a little ashamed at such grandness.

Susanne von Bargen

Ein Bürohaus und der Turm des Michel. Architektonische Kontraste dieser Art findet man in Hamburg auf Schritt und Tritt.

An office block and "Michel" tower. Architectural contrasts like this are to be found everywhere in Hamburg.

Un immeuble administratif et la tour Michel. Des contrastes architectoniques de ce type, on en trouve à Hambourg à chaque pas.

Un edificio de oficinas y el campanario de San Miguel. Este tipo de contrastes arquitectónicos se encuentran por doquier en Hamburgo.

Pignons en brique et façades en verre :
l'aspect architectonique de la ville hanséatique

Die Glasfassade des 1903 vollendeten Dammtorbahnhofs ist mit Reliefs und Plastiken in Jugendstilformen geschmückt.

The glass front of Dammtor Station, completed in 1903, is adorned with relief and sculpted details in art nouveau style.

La façade en verre de la gare du Dammtor achevée en 1903 est ornée de reliefs et de sculptures dans des formes de l'Art Nouveau (Jugendstil).

La fachada de vidrio de la estación Dammtor terminada en 1903 está decorada con relieves y esculturas modernistas.

Les Hambourgeois sont à l'occasion une société mécontente. Dans ce cas, ils se promènent dans leurs rues bien aménagées et n'arrêtent pas de critiquer. Tantôt c'est la brique qui commence à les ennuyer sur la façade, tantôt le luxe exagéré de l'acier étincelant et du verre bien astiqué les gênent. Et le touriste est assis à côté et secoue la tête.

Il profite de ce que les citoyens ne voient souvent plus déjà dans leur propre ville : l'uniformité et l'harmonie, un aspect de la ville homogène où la brique symbolise la prise de conscience de la tradition et l'acier et le verre le progrès. Parfois c'est peut-être un peu monotone, mais on peut justement compter dessus.

A Hambourg, l'architecture hanséatique discrète des années antérieures s'est fondue depuis longtemps avec l'ostentation de la prospérité économique, et ce à la façon d'un partenariat : la brique est présente même là où l'on a des palais en verre. Elle se reflète dans les façades brillantes de ses nouveaux voisins, dont les créateurs ont manoeuvré si habilement pour se sortir d'une mauvaise passe.

A vrai dire, il convient à Hambourg de construire en brique. Ce ne fut pas toujours le cas, comme le montrent les anciens quartiers du fondateur avec leurs bâtiments en crépi, mais les preuves historiques sont claires. Ainsi, Alexis de Châteauneuf a déjà conçu l'Ancienne poste à proximité de l'hôtel de ville en brique, de 1845 à 1847, donc longtemps avant que Fritz Schumacher se soit mis en route pour devenir le « pape de la brique » à Hambourg.

Le directeur général de la construction de Hambourg de 1909 à 1933 fit de la brique purement et simplement son matériau. Imposer non pas cette pierre fabriquée de façon uniforme à la machine, mais la brique moulée à la main plus vive ne fut pas si facile que cela : cette pierre ne fut d'abord pas assez distinguée pour les Hambourgeois. Comme on le voit, leur attitude critique envers l'architecture a également une longue tradition.

Cependant, le directeur général de la construction ne se laissa pas freiner dans son esprit de suite logique. Au moins les bâtiments, sur lesquels il pouvait influer et qui ont été construits pour l'Etat, virent le jour en briques. Le symbole de cette architecture de Schumacher se trouve près du Gänsemarkt : l'administration des finances avec sa maçonnerie solide, le miroir de la ville des commerçants tout simplement. Pourtant, cette maçonnerie solide a fait toute une histoire depuis. Les pierres rouges favorites du directeur général de la construction se sont dégradées jusqu'au parement, et les briques ne font plus fonction depuis longtemps d'un véritable ouvrage de maçonnerie. C'est peut-être cela qui amène les

Hambourgeois conscients de la qualité à chercher la petite bête : plus donner l'apparence qu'être réellement, cela ne se fait pas.

Ainsi, cette transformation architecturale, qui intervenait alors que Hambourg commençait à déplacer son centre de gravité économique et se mettait à devenir la métropole de la prestation de service, devait tomber à point pour les Hambourgeois. Le port, l'ancien coeur de la ville hanséatique, était intéressant maintenant surtout en tant que fournisseur de surface pour les grands immeubles administratifs.

Le bâtiment le plus marquant de cette nouvelle tendance se trouve directement sur la rive de l'Elbe. Le terminal du bac à Altona, conçu par l'équipe médium d'architectes de Hambourg et l'Anglais William Alsop, fut achevé en 1992 et était presque révolutionnaire en ce qui concerne les rapports avec Schumacher. Avec lui, on n'a pas utilisé une seule brique. Le bâtiment présente certes de nombreuses surfaces vitrées, mais n'a pas de vis-à-vis datant de l'époque passée qui pourrait se refléter efficacement en lui. L'appontement a son pendant au terminal quatre à l'aéroport que les architectes de Hambourg Gerkan, Marg et associés (GMP) ont conçu.

Cependant, d'autres architectes n'ont pas eu une attitude aussi conséquente au niveau maritime. Là où la ville entrepôt historique en briques pousse en hauteur, on ne peut pas fermer simplement les yeux sur le matériau préféré de Schumacher. C'est ainsi que naît sur la Kehrwiederspitze un centre administratif complexe et solide qui reçoit de façon timorée des éléments de stockage, mais n'a pas beaucoup de possibilités de déploiement architecturale en raison de l'utilisation définie. La Kehrwiederspitze, à laquelle ont participé les architectes de Londres Kohn/Pedersen/Fox et leurs collègues de Hambourg Köhnholt/Kleffel et GPM, est depuis le début de la planification un projet contesté entre les urbanistes et les architectes.

Il en est de même pour un autre complexe gigantesque en brique que les équipes d'architectes de Hambourg GMP, Kleffel/Köhnholt/Gunderman, et le bureau Winking ont réalisé au début des années 90 sur la Fleetinsel. Il se peut qu'on a mis un peu trop de pierre sur de la pierre, il se peut aussi que certaines façades en verre ont été mises trop intentionnellement en avant du mur. Cependant, les façades brillantes offrent des perspectives qui rendent la ville vivante, il apparaît des coups d'oeil qui changent en l'espace d'une seconde sous le jeu de la lumière. Le vent et le temps font d'un Hambourg, le Hambourg qu'on ne peut pas confondre à vrai dire, dans les vitres des immeubles administratifs une beauté qui se métamorphose et qu'on ne peut pas retenir.

Le fait que, avec la diversité qui étincelle à ce point, la discrétion hanséatique semble un peu tombée dans l'oubli, tient souvent à ceux qui construisent : des investisseurs internationaux d'autant plus qu'ils aiment montrer ce qu'ils ont, et des grandes entreprises sises à Hambourg tes qui doivent simplement être de la partie. Cependant, les palais en verre ne peuvent que convenir aux pères de la ville ; enfin, par leurs façades réfléchissantes, ils donnent l'impression que le boom de la construction a doublé. Cependant cela peut gêner un peu le coeur d'un vrai Hambourgeois.

Susanne von Bargen

Frontispicios de ladrillo y fachadas de vidrio:
el rostro arquitectónico de la ciudad hanseática

En ocasiones los hamburgueses son un pueblo difícil de contentar que pasea por sus hermosas calles sin cesar de refunfuñar. A veces es el ladrillo el que empieza a aburrir en las fachadas, a veces lo que molesta es el esplendor del centelleante acero y del brillante vidrio. Y el visitante a su lado menea la cabeza de un lado a otro.

Él disfruta de lo que los ciudadanos de la ciudad ya no ven: equilibrio y armonía, una imagen urbana unificada en la que el ladrillo simboliza la tradición y el acero y el vidrio simbolizan el progreso. En ocasiones un poco monótono, pero por ello mismo tranquilizador y fiable.

En Hamburgo la sobria arquitectura hanseática de antaño hace tiempo que se ha fundido con la exhibición de la prosperidad económica, y se complementan mútuamente: incluso en los nuevos palacios de vidrio está presente el ladrillo reflejado en las relucientes fachadas de los edificios vecinos, tal como sus arquitectos lo han previsto.

En realidad, en Hamburgo lo típico es construir con ladrillo, aunque los edificios revocados de los viejos barrios demuestran que no siempre fue así, pero los testimonios históricos son claros. Así, Alexis de Chateauneuf construyó de 1845 a 1847 el "Alte Post" (el viejo edificio de Correos) cerca del ayuntamiento en ladrillo, es decir mucho antes de que Fritz Schumacher decidiera convertirse en el paladín de las construcciones de ladrillo en Hamburgo.

El Director General de Obras de 1909 a 1933 hizo del ladrillo su material por excelencia, pero no los fabricados mecánicamente, sino los hechos manualmente. Imponerlo no fue cosa fácil: al principio los hamburgueses consideraron que este material no era suficientemente noble. Como se ve, su postura crítica ante la arquitectura también tiene una larga tradición.

No obstante, el Director General de Obras no cejó en su empeño y como mínimo los edificios sobre los que tenía influencia y que se construían para el estado, se hicieron de ladrillo. El prototipo de este tipo de construcción se alza en la plaza Gänsemarkt: el edificio hacienda, cuyos sólidos muros reflejan a la perfección la ciudad de los comerciantes.

Pero hoy en día los sólidos muros ya no son lo que eran. El material rojizo favorito del Director General de Obras se ha convertido en simple revestimiento, y los ladrillos ya hace tiempo que no actúan como verdadera mampostería. Quizás sea esta la razón del descontento de los habitantes de una ciudad que tanta importancia da a la calidad: aparentar más de lo que se es – eso no se hace.

Por consiguiente el cambio arquitectónico que sobrevino con la transformación de Hamburgo en una metrópoli de servicios, fue muy bien venido. El puerto, en otro tiempo el corazón de la ciudad hanseática, sólo conservó interés como suministrador de superficies para los palacios de oficinas.

El edificio más representativo de esta nueva tendencia se encuentra directamente a orillas del Elba. La terminal de ferrys en Altona, obra del equipo de arquitectos hamburgueses medium y del inglés William Alsop, terminada en 1992 y totalmente revolucionaria, ya que en su construcción no se utilizó ni un sólo ladrillo. Aunque presenta numerosas superficies de vidrio, no tiene delante ningún edificio antiguo que pueda reflejarse en ellas. Otro ejemplo lo encontramos en el punto de embarque de la terminal cuatro en el aeropuerto, diseñado por los arquitectos de Hamburgo Gerkan, Marg y Asociados (gmp).

Otros arquitectos no actuaron de forma tan consecuente. Allí donde los históricos almacenes de ladrillo se levantan en el puerto, es imposible dar la espalda al material preferido de Schumacher. Así, en la Kehrwiederspitze se levanta un complejo y sólido centro de oficinas, que integra con vacilación elementos de los antiguos almacenes pero que, sin embargo, debido a su objetivo concreto, no tienen muchas posibilidades arquitectónicas de desarrollo. La Kehrwiederspitze en cuyo diseño participaron los arquitectos de Londres Kohn/Pedersen/Fox y sus colegas de Hamburgo Köhnholt/Kleffel y gmp, provocó desde el principio conflictos entre los arquitectos y los planificadores urbanísticos.

Lo mismo ocurrió con otro gigantesco complejo de ladrillo, construido en la Fleetinsel a finales de los años 80 y principios de los 90 por Kleffel/Köhnholt/Gundermann y el equipo Winking. Puede que realmente haya demasiado ladrillo superpuesto, o que algunas fachadas de vidrio se hayan colocado demasiado intencionalmente ante los muros. Sin embargo, los exteriores resplandecientes ofrecen perspectivas que dan vida a la ciudad. Se forman imágenes que desaparecen instantáneamente por efecto de la luz. En los cristales de los edificios de oficinas, el viento y las tormentas convierten al inmutable Hamburgo en una belleza cambiante imposible de aprisionar.

El hecho de que con tanto esplendor la moderación hanseática parezca haber caído en el olvido, es debido con frecuencia a los que construyen: en primer lugar inversores extranjeros a los que les gusta mostrar lo que poseen, y grandes compañías de Hamburgo, que simplemente no pueden ser menos. Pero las autoridades de la ciudad no tienen nada que objetar a los palacios de vidrio, después de todo en sus fachadas reflectantes se multiplica el boom constructivo. No obstante, los hamburgueses de corazón quizás se sientan un poco molestos.

Susanne von Bargen

Der neuromanische St.-Marien-Dom mit seiner markanten Doppelturmfront ist seit 1995 Bischofskirche des katholischen Nordbistums für Hamburg, Schleswig-Holstein und Mecklenburg.

The neo-Romanesque Dome of St. Mary with its striking twin-towered front has been the episcopal church of the northern Catholic diocese for Hamburg, Schleswig-Holstein and Mecklenburg since 1995.

L'église Notre-Dame de style roman moderne avec sa façade marquante à double tour est depuis 1995 l'église épiscopale de l'évêché nord catholique pour Hambourg, le Schleswig-Holstein et le Mecklembourg.

La iglesia neorrománica de María con su característica torre doble al frente es desde 1995 iglesia obispal del obispado católico de Hamburgo, Schleswig-Holstein y Meclemburgo.

Thema mit Variationen: Hamburgs Türme haben eine ganz unterschiedliche architektonische Handschrift. Das Turmmotiv prägt – allerdings in sehr viel kleinerem Maßstab – auch die Dachlandschaft der Speicherstadt.

Variations on a theme: the towers of Hamburg are completely different in style. Although on a much smaller scale, the tower is also a dominant feature in the roofscape of the warehouse district.

Thème avec variations : les tours de Hambourg ont une signature architectonique tout à fait différente. Le motif de la tour donne son empreinte également au paysage de toits de la Speicherstadt, même si c'est à une échelle beaucoup plus petite.

Tema con variaciones: las torres de Hamburgo tienen una impronta arquitectónica muy distinta. Las torres también caracterizan, aunque en menor grado, el paisaje de tejados de la zona de almacenes.

Im Glasfenster eines Speichers spiegelt
sich die Katharinenkirche. Zwischen den
Neubauten an der Stadthausbrücke wird
der Rathausturm sichtbar. Das untere
Foto zeigt ein Kaleidoskop: Auf der
Glasfront des Bürogebäudes Fleetinsel
erscheinen die verfremdeten Fassaden der
Baubehörde und einer Bank.

St. Catherine's Church is reflected in the
glass window of a warehouse. The tower
of the Town Hall can be seen between the
new buildings along Stadthaus Bridge.
The bottom picture shows a kaleidoscope:
the glass front of the Fleet island office
block distorts the reflections of the city
Building Department and a bank.

*L'*église Ste-Catherine se reflète dans la
fenêtre d'un entrepôt. La tour de l'hôtel
de ville est visible entre les nouvelles
constructions sur le pont Stadthausbrücke.
La photo du bas présente un kaléidoscope :
les façades à l'aspect irréel du service
de l'urbanisme et d'une banque
apparaissent sur la façade en verre
du bureau administratif Fleetinsel.

En la ventana de vidrio de un almacén
se refleja la iglesia de Santa Caterina.
Entre los nuevos edificios en el puente
Stadthaus puede entreverse la torre del
ayuntamiento. La foto inferior
muestra in caleidoscopio: el la fachada
de vidrio del edifico de oficinas
en la Fleetinsel aparecen las fachadas
distorsionadas de la Oficina de
construcciones y de un banco.

*H*inter der eisernen Hochbahnbrücke mutet das Gruner + Jahr-Gebäude futuristisch an. Hamburger Bautradition entspricht dagegen die Fassade des heutigen Renaissance Hotels. Wie vor 100 Jahren werden noch immer Waren in der Speicherstadt gelagert.

*B*ehind the iron elevated railway bridge, the Gruner + Jahr building creates a futuristic impression. The present Renaissance Hotel, on the other hand, is typical of Hamburg's building tradition. Goods are still stored in the warehouse district as they were 100 years ago.

*D*errière le Hochbahnbrücke (pont pour le métro aérien), le bâtiment de Gruner + Jahr donne une impression futuriste. En revanche, la façade de l'actuel hôtel Renaissance correspond à la tradition hambourgeoise dans la construction. Comme il y a 100 ans, on stocke toujours des marchandises dans la Speicherstadt.

*T*ras el puente se hierro del ferrocarril elevado el edifico de Gruner + Jahr tiene un aspecto futurista. Por el contrario la fachada del moderno hotel Renaissance se enmarca dentro de la tradición de Hamburgo. Como 100 años atrás, se siguen guardando mercancías en la zona de los almacenes.

*T*ransparent und leicht wirken diese
modernen Bürogebäude und der neue
Terminal der Englandfähre (großes Foto).

*T*hese modern office blocks and the new
terminal for the ferry to England (main
photo) have a transparent, floating look.

*C*es immeubles de bureaux modernes
et le nouveau terminal du bac anglais
(grande photo) donnent une impression
de transparence et de légèreté.

*E*stos modernos edificios de oficinas
y la nueva terminal de los ferrys
a Inglaterra (foto grande) tienen un
aspecto transparente y ligero.

Das Chilehaus (kleines Foto) fasziniert durch seine unverwechselbare Architektur. Leicht verfremdet, aber dennoch vertraut: In einer Glasfassade spiegelt sich der Michel.

The fascinating and impressive architecture of Chile House (small photo). Slightly distorted, but still familiar: the tower of St. Michael's reflected in a glass facade.

La Maison du Chili (petite photo) fascine par son architecture impressionnante. Légèrement irréelle, mais familière malgré tout : la tour Michel se reflète dans une façade en verre.

La Casa Chile (foto pequeña) fascina por su impresionante arquitectura. Un poco distorsionada, pero aun así familiar: en una fachada de vidrio se refleja San Miguel.

*T*ürme und Türmchen des Rathauses (links) und des „Hafenrathauses" am St.-Annen-Fleet. Sachlich und kühl wirkt der Innenraum des Fleethofs (kleines Foto).

*T*owers large and small on the Town Hall (left) and the "Harbour Town Hall" at St. Anne's Canal. The interior of the "Fleethof" (small photo) has a sober, austere look.

*T*ours et tourelles de l'hôtel de ville (à gauche) et du «Hafenrathaus» sur le St.-Annen-Fleet. L'intérieur de la Fleethof (petite photo) donne une impression de réalisme et de froideur.

*T*orres y torrecillas del ayuntamiento (izquierda) y del "Hafenrathaus" ("Ayuntamiento del puerto") junto al canal de Santa Ana. El interior del Fleethof tiene una apariencia severa y fría (foto pequeña).

Tradition und Stil:
die Hamburger Gesellschaft und ihre Institutionen

Bauschmuck mit Symbolcharakter: Die Kogge erinnert an Hamburgs lange Tradition als Hafenstadt. Im Hintergrund ist das Rathaus zu sehen.

Architectural decoration with a symbolic character: the Hansa cog recalls Hamburg's long tradition as a port. The Town Hall can be seen in the background.

Bijou de construction avec caractère de symbole : le «Kogge» rappelle la longue tradition de Hambourg en tant que ville portuaire. A l'arrière-plan, on peut voir l'hôtel de ville.

Adornos arquitectónicos de carácter simbólico: la carabela recuerda la larga tradición de Hamburgo como ciudad portuaria. Al fondo el ayuntamiento.

„Hamburger sind Leute, die sich selbst für Hamburger halten", spottete der große Siegfried Lenz. „Die Lieblingsbeschäftigungen der Hamburger bestehen darin, die Wetterkarte zu prüfen und sich versichern zu lassen", behauptete ein liederlicher Kulturfilm-Produzent.

Die Wirklichkeit sieht anders aus – so nämlich, wie Hamburger die Hamburger und Hamburg sehen: „Hamburg braucht nicht den Zusatz ‚Germany', sein Ruf im Ausland genügt immer noch. Es gibt wenige Städte in der Welt, die so für sich stehen."

„Den ‚Hamburger Kaufmann' gibt es noch immer, und draußen weiß man, daß es in Hamburg ein gewisses Know-how gibt."

„In München gibt es eine Nachkriegsgesellschaft, in Hamburg eine Traditionsgesellschaft!"

„Wenn man sich in Hamburg kennt, sagt man sich alles, wenn nicht, sagt man sich gar nichts. Aber in Hamburg gerät man selten an jemanden, den man überhaupt nicht kennt."

Zitate, die Momentaufnahmen sind – Momentaufnahmen einer geschlossenen Gesellschaft mit beschränkter Haftung? In der Spione es angeblich schwerer haben als anderswo, weil sie jedem auffallen würden? In der Singles vorgeblich härter leben und sich verlassener vorkommen als in Frankfurt oder Berlin? Wer sind die Hamburger, die diese Stadt geprägt haben?

Kurt A. Körber, der Dresdner, der in Hamburg zum Erfolgsunternehmer, zum großen Mäzen, zum Stifter und Anstifter wurde, glaubte es zu wissen: „Hamburger? Das ist eine Summe aus Geschichte, Tradition, Geiz, Welterfahrung, Können und Stil – wo gibt es das schon? Geprägt haben das Gesicht der Stadt nur wenige, und diese findet man nicht auf der Straße."

Soll heißen: Früher haben Menschen die Städte geprägt, heute prägen Städte die Menschen.

Theodor Heuss, der erste Präsident der Bundesrepublik Deutschland, der sich über Hamburgs Kerntruppe offenbar mehr Gedanken gemacht hat, als es die Hanseaten für möglich halten konnten, sagte nach einem Werft-Besuch in der Stadt: „Die führende Schicht der Hamburger ist gelassen und zäh, selbstbewußt und eigenbrötlerisch, weit vorausschauend, aber offenbar nur nach langem Überdenken bereit, Dinge zu verändern." Hat er da an einen gedacht wie Alfred C. Toepfer, einen der erfolgreichsten deutschen Einzelkaufleute unseres Jahrhunderts?

„Mehr sein als scheinen!" hieß Toepfers Lebensregel. Danach lebte er. Eitelkeit und Großmannssucht waren für ihn Greuel. Da kannte er keinen Spaß. Als er mit Bundespräsident Karl Carstens durch den von ihm unter Einsatz von weit über 200 Millionen Mark geschaffenen Naturschutzpark Lüneburger Heide wanderte, sagte Carstens bewundernd: „So schön ist ToepferLand!" Worauf Alfred C. Toepfer den ersten Mann der Bundesrepublik zur Ordnung rief: „Versündigen Sie sich nicht an der Natur, Herr Bundespräsident!"

Dahinter verbergen sich Prinzipien und Zielsetzungen, vielleicht sogar ein besonderer Stil, keineswegs aber Institutionen, wie sie da und dort im Verdacht stehen, Hamburgs Gesellschaft geformt zu haben – Anglo-German Club und Handelskammer, Hafen und Kontorhäuser, Elbchaussee und Börse.

Wolfgang Krohn, Reeder und Kaufmann, zeichnet das Porträt des Hamburgers, ohne erst in den Spiegel schauen zu müssen, mit wenigen Strichen: „Ein hanseatischer Kaufmann sollte nicht in den Zeitungen erscheinen, je weniger, desto besser. Seltsames geschieht doch heute: Über Leute, die viele Schulden haben, wird viel gesprochen und geschrieben, von Leuten, die sehr reich sind, hört und liest man nichts. Es ist schon so: Den echten Hamburger Kaufmann kennt die Öffentlichkeit nicht. Früher hat man gesagt: ‚Geld scheut die Öffentlichkeit!'"

Der Exportkaufmann und Asienexperte Edgar E. Nordmann hält das Image des Hamburger Kaufmanns für härtere Währung als die einstige Zauberformel „Made in Germany": „Für den Kaufmann aus Hamburg gilt nach wie vor: Ein Kontrakt ist ein Kontrakt! Kontrakttreue ist typisch hamburgisch! Tatsächlich bekommen Hamburger Firmen in kritischen Situationen häufig den Zuschlag, weil sie für Zuverlässigkeit stehen." Ob es die „Hamburger Gesellschaft" noch gibt oder nicht – die Meinungen darüber sind selbst unter ihren Mitgliedern höchst widersprüchlich. Gewisse alte Spielregeln müssen jedenfalls immer noch in Kraft sein. Man spürt es, wenn ein junger Kaufmann, Mitglied eines Clans, den jeder kennt, der aber auf keinen Fall genannt werden will, behauptet: „Hier ist alles anders! In Hamburg gibt es nicht diese anrüchigen Klatschspalten wie in München. Es kann sie auch nicht geben! Zwar passiert hier genauso viel wie an der Isar, aber es wird nicht bekannt. Wenn man Teil des gesellschaftlichen Ganzen ist, bekommt man alles mit, aber man sorgt dafür, daß nichts nach draußen dringt. Hamburg ist eine wasserdichte Stadt!"

Zurück blickt der junge Mann im alten Kontor in die erzene Geschichte seiner Familie, wobei ihm aber keineswegs die Ehrfurcht ins Gebein schießt: „Ein echter Hamburger haftete auch über den Tod hinaus. Er wollte, daß die Anwesenden bei der Eröffnung seines Testaments im Chor riefen: ‚Donnerwetter!' Und noch mehr wollte er, daß die Erben alle seine Schulden auf einen Schlag bezahlen konnten."

„Alle Hamburgerinnen sind langbeiniger, als es die Kritiker in London und Paris wahrhaben wollen", schrieb der Hamburg-Kenner Siegfried Lenz zu unserem Thema. Da könnte er recht haben. Gar nicht recht hat er aber mit seiner Behauptung: „Hamburger sind Leute, die sich selbst für Hamburger halten!" Hamburger zu sein ist nämlich viel schwieriger.

Günter Stiller

Tradition and Style:
Hamburg Society and its Institutions

"Hamburgers are people who believe themselves to be Hamburgers", mocked the great author Siegfried Lenz. "The Hamburgers' favourite occupations are checking the weather forecast and getting themselves insured", maintained a dissolute producer of cultural films.

The truth appears somewhat different – and is, in fact, the way Hamburgers themselves see Hamburgers and Hamburg: "Hamburg has no need of the postscript "Germany", its reputation abroad is still grand enough. There are few cities in the world whose names are quite such a byword."

"The "Hamburg merchant" still exists – and outside the city, it is common knowledge that there is a certain know-how in Hamburg."

"People who know each other in Hamburg tell each other everything. If they don't know each other, they tell nothing. But in Hamburg, it is rare to encounter someone you don't know at all."

Quotations like snapshots – snapshots of a closed society that keeps strictly limited company? Where life for spies is allegedly much more difficult than anywhere else as they would immediately be far too conspicuous? Where singles supposedly have a harder life and feel more isolated than they do in Frankfurt or Berlin? Who are these Hamburgers who have given this city its character?

Dresden-born Kurt A. Körber, who became a successful Hamburg entrepreneur, great patron of the arts, founder and instigator, believed he had the key: "Hamburgers? The true Hamburger is a mixture of history, tradition, miserliness, worldly wisdom, ability and style – where else would you find that combination? Only a few people had a hand in shaping the face of the city – and you won't see them when you look about you."

What he means is that whereas people used to determine the character of the city, it is now the cities which determine the character of the people.

Theodor Heuss, the first President of the Federal Republic of Germany, obviously spent more time thinking about Hamburg originals than the people of Hamburg themselves gave him credit for. After a visit to the city's shipyards he observed, "The upper class Hamburger is cool and tough, self-confident and eccentric, forward-looking, but obviously willing to change things only after extensive reflection." Was he perhaps thinking about someone like Alfred C. Toepfer, one of the most successful independent German businessmen of our century?

"Reality is more important than outward appearances", was Toepfer's guiding maxim. He loathed vanity and craving for status, and would stand for no nonsense whatsoever. On a visit with German President Karl Carstens to the Lüneburg Heath national park, which Toepfer had helped to create by investing well over 200 million marks, Carstens remarked "Toepferland is truly beautiful!". Alfred C. Toepfer immediately put the foremost German statesman in his place, retorting "Do not offend nature, Mr. President!"

Behind such attitudes there are principles and aims, perhaps even a particular style, but by no means those institutions which one occasionally suspects of having formed Hamburg society – Anglo-German Club and Chamber of Commerce, harbour and shipping offices, Elbchaussee and stock exchange. Wolfgang Krohn, ship owner and trader, quickly outlines a portrait of the quintessential Hamburger in just a few strokes without first having to look in the mirror: "A Hanseatic businessman should not appear in the newspapers – the less he does so, the better. The situation today is peculiar: a lot is said and written about people who are heavily indebted, whereas we hear and read little about the very rich. The truth is that the public knows nothing about the genuine Hamburg merchant. There used to be a saying that went "Wealth shuns the limelight.""

Export trader and Asia expert Edgar E. Nordmann rates the image of the Hamburg merchant as harder currency than the one-time magic formula "Made in Germany":

"For the businessman from Hamburg, the saying still holds good that a contract is a contract. Contract loyalty is a typical Hamburg trait. In fact, in critical situations, Hamburg companies are often awarded the contract because they are known to be reliable."

As to whether "Hamburg society" still exists or not – opinions are very much divided, even amongst the members themselves. However, certain long-established rules must still be in force. You notice this when a young businessman, member of a clan that everybody knows but which does not wish to be named at any price, claims: "Everything is different here. In Hamburg, there are none of these notorious gossip columns you get in Munich. Nor can they exist here. There is certainly just as much going on here as there is down in Bavaria, but it doesn't become public knowledge. If you are part of this closed society, you get to hear about everything, but you make sure that nothing is leaked. Hamburg is a watertight city!"

When the young man in the archaic office muses on his indomitable family history, he is by no means overcome with awe: "An authentic Hamburger was still answerable after his death. When his will was read, he wanted those in attendance to exclaim in chorus "Good grief!" But even more so, he wanted his heirs to be able to pay off all his debts in one fell swoop."

"All Hamburg's women have longer legs than the critics in Paris and London are willing to believe", wrote Hamburg connoisseur Siegfried Lenz on our subject. He may well have been right. But he was certainly wrong when he wrote "Hamburgers are people who believe themselves to be Hamburgers!" The truth is, there is much more to being a Hamburger than that.

Günter Stiller

Grabmal auf dem Hauptfriedhof Ohlsdorf. Mit ca. 430 Hektar ist der 1877 eröffnete Friedhof, auf dem zahlreiche bedeutende Persönlichkeiten ihre letzte Ruhestätte fanden, Europas größtes Gräberfeld.

Tombstone in Ohlsdorf cemetery. Opened in 1877 and with an area of around 430 hectares, this is the largest graveyard in Europe, where many celebrities are buried.

Tombeau au cimetière principal de Ohlsdorf. Avec environ 430 hectares, le cimetière inauguré en 1877, où de nombreuses personnalités importantes ont trouvé leur dernière demeure, est le plus grand cimetière d'Europe.

Tumba en el cementerio Ohlsdorf. Con casi 430 hectáreas este cementerio que data de 1877 y en el que descansan importantes personalidades, es el mayor de Europa.

*B*egegnung vor dem Portal des
Atlantic Hotels.

*R*endez-vous at the gates of the
Atlantic Hotel.

*R*encontre devant le portail de
l'Hôtel Atlantic.

*E*ncuentro ante el portal del
hotel Atlantic.

Tradition et style :
*la société de Hambourg
et ses institutions*

«Les Hambourgeois sont des gens qui se prennent pour des Hambourgeois», disait en se moquant le grand Siegfried Lenz. «Les occupations favorites des Hambourgeois consistent à regarder la carte météo et à se faire rassurer», affirmait un producteur libertin de films documentaires.

La réalité est différente, telle que les Hambourgeois voient les Hambourgeois et Hambourg : «Hambourg n'a pas besoin de l'additif «Germany», sa réputation à l'étranger suffit toujours. Il y a peu de villes au monde qui répondent ainsi d'elles mêmes.» «Le commerçant de Hambourg, il existe encore, et à l'extérieur on sait qu'il y a un certain savoir-faire à Hambourg.» «Lorsqu'on se connaît à Hambourg, on se dit tout, lorsqu'on ne se connaît pas, on ne se dit rien du tout. Cependant, à Hambourg, on tombe rarement sur quelqu'un qu'on ne connaît pas du tout.»

Les citations qui sont des instantanés – des instantanés d'une société fermée à responsabilité limitée ? Dans laquelle les espions ont apparemment plus de difficulté qu'ailleurs parce qu'ils se feraient remarquer par tout le monde ? Dans laquelle les célibataires ont une vie soi-disant plus dure et semblent plus délaissés qu'à Francfort ou Berlin ? Qui sont les Hambourgeois qui ont marqué cette ville ?

Kurt A. Körber, originaire de Dresde, qui est devenu à Hambourg l'entrepreneur de succès, le grand mécène, le grand créateur et instigateur, croyait savoir : «Le Hambourgeois ? C'est une somme d'histoire, de tradition, d'avarice, d'expérience du monde, de savoir et de style ? – Où rencontre-t-on cela ? Quelques personnes seulement ont marqué l'aspect de la ville, et on ne les trouve pas dans la rue.»

Cela signifie qu'autrefois des gens ont marqué les villes, mais qu'aujourd'hui des villes marquent les gens.

Theodor Heuss, le premier président de la République fédérale d'Allemagne, qui s'est fait apparemment plus de souci à propos de la troupe d'élite de Hambourg que les hanséates ont pu le juger possible, a dit après une visite du chantier dans la ville : «La couche sociale dirigeante des Hambourgeois est placide et opiniâtre, a le sentiment de sa propre valeur et est originale, très prévoyante, mais il semble qu'elle ne soit disposée qu'après une longue réflexion à changer des choses. «N'a-t-il pas songé alors à quelqu'un comme Alfred C. Toepfer, l'un des commerçants individuels allemands de notre siècle qui ont obtenu le plus de résultats ?

«Etre plus que apparaître» telle était la règle de vie de Toepfer. Il vivait selon cette règle. Il avait en horreur la vanité et la folie des grandeurs. Il ne plaisantait pas là-dessus. Alors qu'il se promenait avec le président fédéral Karl Carstens dans le parc national de la Lüneburger Heide créé par lui avec une mise de fonds de plus de 200 millions de DM, Carstens dit de façon admirative : «Le pays de Toepfer est tellement beau !». Après

cela, Alfred C. Toepfer rappela à l'ordre le premier homme de la République fédérale d'Allemagne : «Ne pêchez pas contre la nature, monsieur le Président fédéral !»

Derrière ceci se cachent des principes et des objectifs, peut-être même un style particulier, mais nullement des institutions comme celles qui sont soupçonnées ici et là d'avoir formé la société de Hambourg – Anglo-German Club et la Chambre de commerce, le port et les immeubles des comptoirs, la Elbchaussee et la Bourse.

Wolfgang Krohn, armateur et commerçant, dessine le portrait du Hambourgeois, en quelques traits, sans être obligé de regarder dans le miroir: «Un commerçant hanséatique ne devrait pas apparaître dans les journaux – moins il paraît, mieux c'est. Il arrive une chose curieuse aujourd'hui : on parle et on écrit beaucoup sur les gens qui ont beaucoup de dettes, tandis qu'on n'entend et qu'on ne lit rien sur des gens qui sont très riches. La situation est la suivante : le véritable commerçant de Hambourg, le public ne le connaît pas. Autrefois, on a dit : «l'argent effarouche le public».

Le commerçant exportateur et l'expert d'Asie Edgar E. Nordmann juge l'image du commerçant de Hambourg comme une devise plus forte que l'ancienne formule magique «Made in Germany».

«Pour le commerçant de Hambourg, une chose est toujours valable : Un contrat est un contrat ! La fidélité au contrat est typiquement hambourgeoise ! En effet, des firmes hambourgeoises se trouvant dans des situations critiques sont souvent adjugées parce qu'elles sont garantes de la fiabilité.»

Sur le fait que la «société de Hambourg» existe encore ou non, les opinions sont extrêmement contradictoires même parmi ses membres. De toute façon, certaines anciennes règles du jeu doivent toujours être en vigueur. On le ressent lorsqu'un jeune commerçant, membre d'un clan, que chacun connaît, mais qui ne veut en aucun cas être nommé, fait l'affirmation suivante : «Ici, tout est différent ! A Hambourg, il n'y a pas ces colonnes à potins qui ont mauvaise réputation et que l'on trouve à Munich par exemple. On ne peut pas les trouver. Certes il se passe ici tout autant de choses que sur l'Isar, mais elles ne sont pas révélées. Quand on fait partie d'une entité sociale, on reçoit tout, mais on veille à ce que rien ne trans-pire à l'extérieur. Hambourg est une ville étanche à l'eau !»

Le jeune homme dans l'ancien comptoir jette un regard rétrospectif sur l'histoire d'airain de sa famille, mais on ne peut nullement dire qu'une crainte respectueuse lui traverse tout le corps : «Un authentique Hambourgeois était responsable même au-delà de la mort. Il voulait que les personnes présentes s'écrient en choeur lors de l'ouverture de son testament : «mille tonnerres !». Et en plus il voulait que les héritiers puissent payer ses dettes d'un seul coup.»

«Toutes les Hambourgeoises ont des jambes plus longues que les critiques à Londres et à Paris veulent en convenir», écrivait le connaisseur de Hambourg Siegfried Lenz sur ce thème. Il pourrait avoir raison dans le cas présent, mais il a complètement tort lorsqu'il affirme : «Les Hambourgeois sont des gens qui se considèrent comme des Hambourgeois !» Etre Hambourgeois est en effet beaucoup plus difficile.

Günter Stiller

Tradición y estilo:
la sociedad de Hamburgo y sus instituciones

"Hamburgués es todo aquel que se considera a sí mismo hamburgués", dijo irónicamente el gran Siegfried Lenz. "Las aficiones predilectas de los habitantes de Hamburgo son consultar el mapa del tiempo y contratar seguros", afirmaba un disoluto productor de películas culturales.

Pero la realidad es otra, justamente tal como los hamburgueses se ven a ellos mismos y a su ciudad: "Cuando se dice Hamburgo no es necesario añadir Alemania, su nombre sigue sonando en el extranjero. Hay pocas ciudades en el mundo que tengan un nombre por sí mismas."

"El comerciante hamburgués sigue existiendo, y fuera se sabe que en Hamburgo hay un determinado saber hacer."

"Cuando en Hamburgo dos personas se conocen se lo cuentan todo, cuando no, no se cuentan nada. Pero en Hamburgo es difícil encontrarse con un total desconocido."

Citas que son instantáneas – ¿instantáneas de una sociedad de responsabilidad limitada, en la que parece que los espías lo tienen casi imposible porque llamarían demasiado la atención? ¿En la que los solteros afirman que su vida es más dura y que se sienten más solos que los solteros de Francfort o de Berlín? ¿Quiénes son los hamburgueses que han dejado su impronta en esta ciudad?

Kurt A. Körber, originario de Dresde y que en Hamburgo se convirtió en un empresario de éxito, un gran mecenas, un fundador y promotor, creía tener la respuesta: "Un hamburgués es la suma de historia, tradición, ambición, experiencia mundana, capacidad y estilo – ¿cuántos hay así?. Sólo unos pocos han configurado el carácter de la ciudad y no se encuentran por las calles."

Lo que significa: antes las personas daban carácter a las ciudades y hoy son las ciudades las que dan carácter a las personas.

Theodor Heuss, el primer Presidente de la República Federal de Alemania que evidentemente reflexionó más sobre esta minoría de Hamburgo de lo que éstos podían imaginarse, dijo tras la visita a un astillero de la ciudad: " La clase dirigente de la ciudad es calmada y tenaz, consciente de su propia valía y solitaria, con visión de futuro, pero ciertamente sólo dispuesta a cambiar las cosas tras largas reflexiones."

¿Estaba pensando quizá en uno de ellos, por ejemplo Alfred C. Toepfer, uno de los comerciantes alemanes al por menor de mayor éxito en este siglo?

El lema de Toepfer que guiaba su vida era "ser más de lo que se aparenta". Le horrorizaban la vanidad y la fanfarronería y con esto no hacía bromas. Mientras paseaba con el Presidente de la República Karl Carstens por el parque natural Lüneburger Heide, que él había financiado con más de 200 millones de marcos, Carstens exclamó con admiración: ¡Qué hermoso es su parque! A lo que Alfred C. Toepfer replicó, llamando al orden al ciudadano más importante de la república: "No ofenda a la naturaleza, Sr. Presidente!".

Detrás se esconden principios y metas, quizás incluso un estilo especial, pero de ningún modo instituciones a las que en ocasiones se atribuye el haber formado la sociedad de Hamburgo – el club anglo-alemán y la cámara de comercio, el puerto y las casas comerciales, la Elbchaussee y la bolsa.

Wolfgang Krohn, armador y comerciante, dibuja el retrato del hamburgués, sin antes tener que mirarse en el espejo, en pocas palabras: "Un comerciante hamburgués no debe aparecer en los periódicos – cuanto menos mejor. Hoy en día suceden cosas curiosas: se habla y se escribe mucho de las personas que tienen deudas, pero de las personas muy ricas no se oye ni se lee nada. Ciertamente es así: el verdadero comerciante hamburgués es un desconocido para el público. Antes se decía: ¡El dinero es tímido!"

El exportador y experto en Asia Edgar E. Nordmann considera que la imagen del comerciante hamburgués es una garantía más fuerte que la fórmula "Made in Germany":
"Para el comerciante de Hamburgo sigue siendo válido que un contrato es un contrato. La fidelidad contractual es típica de Hamburgo."

Si existe o no la "sociedad hamburguesa" es una cuestión controvertida incluso entre sus mismos miembros. Algunas reglas del juego todavía tienen vigencia. Esto se nota cuando un joven comerciante, miembro de un clan de todos conocido pero que no quiere que se mencione bajo ninguna circunstancia, afirma: ¡"Aquí todo es distinto! En Hamburgo no existen las columnas de chismes que se dedican a desacreditar como ocurre en Munich. Aunque pasan tantas cosas como allí, no se hacen públicas. Los miembros de la sociedad exclusiva se enteran de todo, pero se hace todo lo posible para que nada trascienda al exterior. ¡Hamburgo es una ciudad sin fugas!"

En la antigua casa comercial el joven rememora la ilustre historia de su familia, aunque sin veneración: "Un auténtico hamburgués era incluso responsable más allá de la muerte. Quería que al abrir su testamento los presentes gritaran a la vez ¡caray!. Además, quería que sus herederos pusiesen pagar todas sus deudas de una sola vez."

"Las mujeres de Hamburgo tienen las piernas más largas de lo que reconocen los críticos en París y Londres", escribió el conocedor de Hamburgo Siegfried Lenz sobre este tema. Y quizás estaba en lo cierto. Aunque no tenía del todo razón al afirmar: ¡Hamburgués es todo aquel que se considera a sí mismo hamburgués!" Ser hamburgués es mucho más complicado.

Günter Stiller

Die von Arp Schnitger 1693 vollendete Orgel der Jacobikirche gehört zu den bedeutendsten und klangschönsten Barockorgeln in Deutschland.

The organ in St. Jacob's Church, built by Arp Schnitger and completed in 1693, is one of the most important and best-sounding baroque organs in Germany.

L'orgue de l'église St-Jacques, achevé par Arp Schnitger en 1693, fait partie des orgues baroques les plus importants et aux sonorités les plus belles d'Allemagne.

El órgano de la iglesia de San Jacobo obra de Arp Schnitger en 1693, es uno de los órganos barrocos más hermosos y de más bello sonido de Alemania.

*D*as historische Stadtwappen zeugt von hanseatischer Tradition. Zum traditionellen Neujahrsempfang für das Diplomatische Korps folgen Konsuln aus aller Welt der Einladung des Hamburger Bürgermeisters.

*T*he town's historic coat of arms tells of Hanseatic traditions. Consuls from all over the world accept the mayor's invitation to the traditional New Year reception for the diplomatic corps.

*L*es armes historiques de la ville sont dans la pure tradition hanséatique. Pour la traditionnelle réception du Nouvel an pour le corps diplomatique, les consuls du monde entier répondent à l'invitation du maire de Hambourg.

*E*l escudo histórico es testigo de la tradición hanseática. En la tradicional recepción de año nuevo del cuerpo diplomático los cónsules de todo el mundo aceptan la invitación del alcalde la ciudad.

In der Ratsstube (großes Foto oben) beraten die beiden Bürgermeister mit den Senatoren und Staatsräten. Im Großen Festsaal findet jeweils Anfang des Jahres das traditionelle „Matthiae-Mahl" statt (unten). Das kleine Foto zeigt den Bogengang im Erdgeschoß.

The Council Chamber (large photo, top) is where the two mayors deliberate with the senators and councillors. At the beginning of the year, the Great Hall (below) is the scene of the traditional "St. Matthew's Supper". The small photo shows the arcade on the ground floor.

Dans le «Ratsstube» (grande photo en haut), les deux maires délibèrent avec les sénateurs et les conseillers d'Etat. Dans la grande salle des fêtes a lieu au début de chaque année le traditionnel «repas Matthiae» (en bas). Le petite photo montre l'arcade au rez-de-chaussée.

En la sala de sesiones del senado (foto grande superior) ambos alcaldes discuten con los senadores y los consejeros. En la gran sala de celebraciones tiene lugar a principios de año el tradicional banquete "Matthiae-Mahl" (abajo). La foto pequeña muestra la arcada en las planta baja.

*D*as Derby ist ein hanseatisches Ereignis, bei dem gewiß nicht nur über Pferde gesprochen wird. Von altertümlichem Brauchtum begleitet, findet im Herbst die Hubertusjagd (unten) statt.

*T*he Derby is a traditional Hanseatic event where the talk is by no means only of horses. Every autumn, the Hubertus Chase (below) is accompanied by ancient customs.

*L*e derby est un événement de Hambourg lors duquel on ne parle assurément que de chevaux. A l'automne a lieu la chasse à la Saint-Hubert (en bas) qui est accompagnée de coutumes antiques.

*E*l Derby es un acontecimiento en el que, por supuesto, no sólo se habla de caballos. En otoño celebra la caza de San Huberto (abajo) acompañada de antiguas costumbres.

Chorāle in luftiger Höhe: Der Trompeter steht auf dem Turm des Michel. Solange der „Schwanenvater" seine gefiederten Schützlinge im Frühjahr zur Alster geleitet, ist die Welt in Hamburg noch in Ordnung.

Chorals up above the rooftops: the trumpet player is standing on the tower of St. Michael's. As long as "Father Swan" still leads his feathered charges to the Alster in spring, the world is still all right in Hamburg.

Des chorals à une hauteur bien aérée : le trompette se trouve sur la tour Michel. Tant que le «Père cygne» accompagne ses protégés garnis de plumes au printemps jusqu'à l'Alster, le monde à Hambourg est encore comme il faut.

Corales desde las alturas: el trompetista se encuentra en el campanario de San Miguel. Mientras el guía de la bandada de cisnes los siga llevando cada primavera al Alster, todo va bien en Hamburgo.

MEIN FELD IST DIE WELT

Gruppenbild mit Dame: Hamburgs evangelische Bischöfin Maria Jepsen und ihre katholischen Amtsbrüder. Vornehme Weltläufigkeit strahlt die Empfangshalle der Reederei Hapag-Lloyd aus.

Group photo with lady: Hamburg's Protestant bishop Maria Jepsen and her Catholic fellow-clergymen. Cosmopolitan elegance emanates from the Hapag-Lloyd entrance.

Tableau de groupe avec dame : la femme évêque protestante de Hambourg Maria Jepsen et ses confères catholiques. La salle de réception de la compagnie de navigation Hapag-Lloyd témoigne d'une habitude du monde aristocratique.

Foto de grupo con señora: la obispo evangélica de Hamburgo, Maria Jepsen y sus colegas católicos. El hall de la compañía naviera Hapag-Lloyd irradia elegancia cosmopolita.

*M*it schönem Alsterblick, aber keineswegs preiswert sind die großbürgerlichen Wohnungen am Schwanenwik. Das 1897 gegründete Hotel Vier Jahreszeiten genießt geradezu legendären Ruf.

*T*he upper-class flats at Schwanenwik have a splendid view of the Alster, but are by no means cheap. The Vier Jahreszeiten Hotel, founded in 1897, has a legendary reputation.

*L*es appartements très bourgeois situés sur le Schwanenwik ont une belle vue sur l'Alster, mais ne valent pas leur prix. L'hôtel Vier Jahreszeiten (quatre saisons) fondé en 1897 bénéficie d'une réputation presque légendaire.

*L*as viviendas de la alta burguesía en Schwanenwik gozan de una bonita vista sobre el Alster, pero no son precisamente baratas. El hotel "Vier Jahreszeiten" (Cuatro Estaciones) fundado en 1897 ya es legendario.

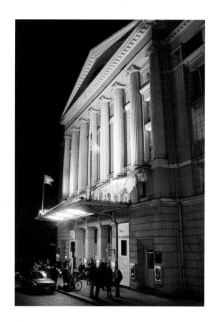

*D*as Thalia Theater gehört zu den
führenden Sprechbühnen im deutsch-
sprachigen Raum.

*T*halia Theatre is one of the leading
stages in the German-speaking countries.

*L*e théâtre Thalia fait partie des
théâtres leaders dans l'espace de langue
allemande.

*E*l teatro Thalia es uno de los escenarios
de habla alemana más importantes.

Heimstatt der Musen:
Theaterlandschaft und Musikszene

Von einer Landschaft im Theater zu reden ist so eine Sache,
denn allzu vielfältig sind die berühmten Geschichten, die das
Theaterleben so schrieb. In Hamburg findet dergleichen
allabendlich statt, man muß nur hingehen. Im Schnitt sind es
rund 3,3 Millionen Besucher, die das Statistische Landesamt
pro Jahr allein an den 19 größeren Bühnen verzeichnet.
Nicht gezählt die Freaks, die andere Plätze aufsuchen, die
Offs und Off-Offs, die es hier ebenfalls gibt, denn nicht
umsonst preisen täglich mehr als 40 Spielstätten allein in
den Zeitungen ihre Produktionen an. Hier wird auf und am
Wasser Theater gespielt, in Keller und Kammer oder in einer
Basilika. Wobei derlei nicht immer allzu wörtlich zu nehmen
ist: Eberhard Möbius' „Schiff" ist tatsächlich eines der ganz
wenigen fahrbaren Wassertheater der Republik. Die
Komödie an der Hudtwalckerstraße hat nur das Winter-
huder Fährhaus im Titel.
Das Kellertheater findet wirklich im Keller statt, im English
Theatre wird professionell englisch parliert und gespielt,
das frivole Programm hingegen, das in der wunderschönen
Basilika abgezogen wird, dürfte manchem Gottesmann
hinreichend Stoff für wetternde Sonntagspredigten geben.
Das Ohnsorg-Theater macht zwar immer noch aufs neue
seinem Namen alle Ehre, doch ist's nicht nach der guten
Laune, die es verbreitet, sondern nach seinem Gründer
benannt.
Manchmal sind die Namen der Hamburger Bühnen Programm
wie das „Theater für Kinder", die „SchlapplacHHalde", „fools
garden" oder „Alma Hoppes Lustspielhaus", manchmal wollen
sie die Phantasie anregen wie „Imago" oder „Monsun".
Ein Hanseat aber, der seiner sprichwörtlichen Liebe zu allem
Britischen frönen will, indem er etwa einem Londoner die
Vielfalt Hamburger Theaterkultur präsentieren möchte, tut
sich schwer mit „Ernst Deutsch" oder „Schmidt". Wie kann
er dem Gentleman erklären, daß man hier keinesfalls die
Bühnen nach lebenden Staatsmännern zu benennen pflegt,
wohl aber durchaus nach verstorbenen Mimen.
Das Deutsche Schauspielhaus hingegen heißt immer noch
so, obwohl viele Hamburger es am liebsten ebenfalls nach
einem Bühnen-Heroen benennen würden: Gründgens. Es
hat bislang lediglich zu einem Theaterstück gleichen
Namens gereicht ...
Das Thalia Theater hat sich die Muse zur Namenspatronin
erkoren, und das seit mehr als 150 Jahren. Man sieht's dem
gelben Haus am Alstertor an, daß es in die Jahre gekommen
ist: Innen tobt der Bär, und am aufregendsten wird es zum
Jahresende, wenn das Thalia-Team genauso gespannt wie die
Schauspielhaus-Truppe von der Kirchenallee die „Theater
heute"-Tabelle erwartet, die das beste deutschsprachige
Theater, die beste Inszenierung, die besten Darsteller einer

Saison kürt. Beide Häuser waren in den letzten Jahren in
allen Sparten mehrmals Sieger über München, Stuttgart,
Köln, Berlin, Bochum, Wien oder Zürich und wie sie alle
heißen.
Schauspielhaus hin, Thalia her: Ein Rekord der Hamburger
Bühnenlandschaft ist im Guinness Book verbrieft: das
PiccoloTheater. Das Ding ist so klein, daß man manchmal
nicht weiß, wer gerade wo spielt: der Barmann auf der
Bühne oder der Mime am Tresen.
Sei's drum: Wer es darauf anlegt, sich an jedem Abend
ein anderes Drama/Musical/Komödie/Oper/Konzert anzu-
schauen (und dies physisch und psychisch überhaupt durch-
steht), kommt in Hamburg zur Hauptsaison mit einem
Monat kaum aus. Aber selbst im Sommer haben sich
die Zeiten geändert: Man spielt durch. Bis zu 14 Musicals
gleichzeitig drehen hier bisweilen ihre Runden, angefangen
von den jahrealten Dauerbrennern „Cats" und „Phantom
der Oper" bis zu den diversen Produktionen, die von den
Schlagern der Petticoat-Ära der 50er Jahre leben. Und Corny
Littmanns beide „Schmidt"-Theater an der Reeperbahn sind
inzwischen ebenso Institution wie die Kampnagel-Fabrik in
Barmbek.
Die klassische Musikszene braucht derlei nicht zu befürch-
ten. Zwar nagt auch an der Staatsoper an der Dammtorstraße der Zahn der Zeit, aber solange der Paradebau aus der
Nierentisch-Ära der 50er Jahre noch Domingos Spitzentönen
standhält, macht man sich dort um derlei keine Gedanken.
Die von Rolf Liebermann begründete Pflege des zeitgenössi-
schen Musiktheaters wurde später von der Intendanz Peter
Ruzicka/Gerd Albrecht weiter gepflegt und fand 1995 mit
der Welt-Uraufführung von Alfred Schnittkes „Faust"-Oper
einen Höhepunkt.
Gäbe es ein Rekordbuch für Nibelungentreue an der Oper,
John Neumeier wäre Spitzenreiter: Seit über 20 Jahren schon
ist der Amerikaner Ballettdirektor in Hamburg und machte
den Namen der Stadt zu einem internationalen Marken-
zeichen. Bei seinen Ballett-Tagen gastiert alles, was in der
Branche Rang und Namen hat.
Die internationalen Pult-Löwen und Instrumental-Solisten
finden in der Musikhalle statt, wo die in Hamburg ansässigen
Philharmoniker, Symphoniker und NDR-Sinfonieorchester
(Ehrendirigent Günter Wand) sich jeweils als Hausherren
fühlen dürfen. Abonnements bei den Sonntagmorgen-Kon-
zerten sollen da genauso in Familien weitervererbt werden
wie die Mitgliedschaft bei den „Freunden der Kammermusik"
in der Kleinen Musikhalle.

Helmut Söring

Home of the Muses:
Theatre Scene and Music Stage

To speak of one theatre scene is a tricky business, considering the diversity of the stories that abound in theatrical life. In Hamburg, there are many things happening every night of the week – all you have to do is go. And according to the State Bureau of Statistic's figures for the 19 major theatres in the city, an average of 3.3 million people do so every year.

That figure does not include the freaks who head for other venues, for the offs, and off-offs that also abound. Not without good reason do more than 40 playhouses announce their productions in the papers every day. Some are presented on the water, some by the water's edge, others perform in cellars or studios or even in a basilica. Nevertheless, these names should not always be taken too literally: Eberhard Möbius' "Schiff" (Ship) is in fact one of the very few mobile water theatres in the country. The comedy on Hudtwalckerstrasse features the Winterhude Ferry House in name only.

The "Kellertheater" actually does take place in a basement, and at the English Theatre, the actors perform and recite their lines in best English. The risqué programme staged in the beautiful basilica, on the other hand, would provide many a man of the cloth with ample material for a Sunday sermon of fire and brimstone. Although the Ohnsorg theatre would easily live up to the literal translation of its name, as a carefree playhouse, it was in fact named after its founder, and not after the lighthearted mood it spreads.

Occasionally, the names of Hamburg's theatres aptly fit the bill, such as the "Theater für Kinder" (children's theatre), "SchlapplacHHalde" (comedy), "fool's garden" or "Alma Hoppes Lustspielhaus" (farce). Others, however, such as "Imago" or "Monsun", are simply intended to fire the imagination.

But a true Hamburg citizen who wants to indulge his love of all things British, by introducing a visitor from London to the wide variety of Hamburg theatrical culture for example, is faced with considerable problems when it comes to "Ernst Deutsch", or "Schmidt". How can he explain to an English gentleman that Hamburg names its theatres not after living statesmen, but rather after its late and great Thespians.

The "Deutsche Schauspielhaus" doggedly remains the "German Playhouse", although many of Hamburg's inhabitants would dearly love to see it named after a certain stage hero called Gründgens. To date, they have only managed to see a play of the same name ...

Thalia Theater was named after the Muse of Comedy, and has kept the name for over 150 years. The yellow building on Alstertor is quite obviously getting on a bit: but inside, the old girl is still full of life and the tension reaches its height at the end of the year, when the "Theatre Today" ratings are awaited with bated breath by both the Thalia's team and the troupe from Kirchenallee. This is when the awards are announced for the best German-speaking theatre, the best production, the best actors of the season. In the past few years, both these establishments have been well represented in several categories, victorious over Munich, Stuttgart, Cologne, Berlin, Bochum, Vienna, Zurich and all the rest of them. But it is a different name from Hamburg's theatre scene that features in the Guinness Book: the Piccolo Theater is so tiny that it is sometimes hard to tell who is performing where. Is the barman on stage or is that an actor at the bar? Whatever the case, for anyone who wants to see a different play/musical/comedy/opera/concert every night of the week (and has the mental and physical energy to stand the pace), a month would hardly be long enough during the main season. But even in summer, times have changed: the theatres stay open without a break. Up to 14 musicals are sometimes staged at the same time in Hamburg, ranging from firm favourites such as "Cats" and "Phantom of the Opera" which have already been running for years, to various productions which are now cashing in on the popular petticoat era songs of the 50s. Corny Littmann's two "Schmidt" theatres on Reeperbahn are meanwhile just as firmly established as the Kampnagel "culture factory" in Barmbek.

The classical music scene has no need to fear such upheavals. The ravages of time may have left their mark on the state opera house at Dammtorstrasse, but as long as this magnificent 50s building, reminiscent of the days of kidney-shaped tables, can withstand Domingo's top notes, its residents have no need to worry. The love of contemporary musical theatre set up by Rolf Liebermann was later carefully cultivated under the directorship of Peter Ruzicka/Gerd Albrecht and will culminate in the world première of Alfred Schnittke's "Faust" in 1995.

If there were a record for loyalty to The Ring, John Neumeier would be a likely candidate: for more than 20 years this American ballet director has lived in Hamburg and turned the city into an international byword. His ballet festival features guest performances by the entire who's who of the world of ballet.

Great international conductors and instrumental soloists perform at the Music Hall, where the Hamburg philharmonic and symphony orchestras and the North German Broadcasting Corporation's symphony orchestra (guest conductor: Günter Wand) take their turn as hosts. Legend has it that subscriptions to the Sunday morning concerts are handed down from one generation to the next, just like membership in the "Friends of Chamber Music" society in the Kleine Musikhalle.

Helmut Söring

*E*s ist hochseetüchtig und fast ständig ausverkauft: das Theater „Das Schiff".

*S*eaworthy and almost always sold out: the theatre Das Schiff (The Ship).

Il pourrait naviguer et tous ses spectacles sont complets : le bateau-théâtre «Das Schiff».

*E*stá en perfecto estado para navegar y casi siempre con las entradas agotadas, el teatro "El Barco" (Das Schiff).

„Das Phantom der Oper" wird tagtäglich im Musical beschworen. Die „Neue Flora" wurde eigens für die Hamburger Produktion dieses Erfolgsmusicals gebaut.

"The Phantom of the Opera" appears day in, day out at the musical of the same name. "Neue Flora" was built specially for the Hamburg production.

«Le Fantôme de l'Opéra» est évoqué chaque jour dans la comédie musicale. La «Nouvelle Flore» a été construite spécialement pour la production de Hambourg de cette comédie musicale à succès.

"El fantasma de la ópera" se representa diariamente. La "Nueva Flora" fue construida ex profeso para la producción hamburguesa de este musical de éxito.

Le refuge des muses :
le paysage théâtral et la scène musicale

Parler d'un paysage au théâtre est vraiment une affaire car les histoires célèbres que la vie du théâtre écrit ainsi sont trop diversifiées. A Hambourg, c'est la même chose tous les soirs. Il suffit d'y aller. En moyenne, ce sont environ 3,3 millions de visiteurs que l'Office national des Statistiques enregistre chaque année uniquement sur les 19 plus grandes scènes.

On ne compte pas les marginaux qui vont trouver d'autres endroits, les «Offs» et les «Off-Offs» qui existent ici aussi, car ce n'est pas sans motif que plus de 40 théâtres vantent chaque jour leurs productions uniquement dans les journaux. Ici on fait du théâtre sur l'eau et près de l'eau, dans la cave, dans une basilique. Il ne faut pas toujours trop prendre à la lettre: le «bateau» de Eberhard Möbius est effectivement l'un des très rares théâtres sur l'eau mobiles de la République. La comédie de Rolf Mares dans la Hudtwalckerstrasse n'a que la Winterhuder Fährhaus dans le titre.

Le Kellertheater a lieu vraiment dans la cave; dans le théâtre anglais, on parle et on joue en anglais professionnellement; en revanche, le programme frivole, qui est donné dans la magnifique basilique, pourrait donner à plus d'un homme de dieu suffisamment de matière pour des sermons dominicaux qui invectivent. Le théâtre Ohnsorg (Sans-souci) ne cesse de faire honneur à son nom; cependant, son nom n'est pas dû à la bonne humeur qu'il répand, mais à son créateur.

Les noms des théâtres de Hambourg sont parfois tout un programme: «Théâtre pour enfants», le «SchlapplacHHalde», «fools garden» ou «Alma Hoppes Lustspielhaus»; parfois ils veulent stimuler l'imagination: «Imago» ou «Monsum».

Cependant, un Hambourgeois qui veut s'adonner à son amour proverbial pour tout ce qui est britannique et voudrait présenter par exemple à un Londonien la diversité de la culture théâtrale de Hambourg s'y retrouve difficilement avec «sérieux allemand» ou «Schmidt»: comment peut-il expliquer au gentleman qu'on n'a pas du tout l'habitude ici de donner aux théâtres les noms de politiques vivants, mais uniquement les noms d'acteurs décédés.

En revanche, le Deutsche Schauspielhaus (Théâtre allemand) s'appelle toujours ainsi bien que de nombreux Allemands préféreraient le désigner par un nom de héros de la scène: Gründgens. Jusqu'à présent, il a juste donné son nom à une pièce de théâtre...

Le théâtre Thalia s'est choisi la muse comme nom patronymique, et ce depuis plus de 150 ans. On voit à la vieille maison jaune près de l'Alstertor qu'elle a traversé les années: la dame a besoin d'un lifting, la façade s'effrite. Cela n'est qu'un aspect extérieur; «l'ours est furieux à l'intérieur», et le plus excitant arrive à la fin de chaque année lorsque l'équipe de Thalia attend de la Kirchenallee, avec autant d'impatience que la troupe du Schauspielhaus le tableau du «théâtre

aujourd'hui» qui sélectionne le meilleur théâtre de langue allemande, la meilleure mise en scène et les meilleurs acteurs d'une saison. Les deux maisons ont été plusieurs fois vainqueurs ces dernières années dans toutes les rubriques devant Munich, Stuttgart, Cologne, Berlin, Bochum, Vienne ou Zurich, etc.

Schauspielhaus ici, Thalia là, un record du paysage théâtral de Hambourg est reconnu par écrit dans le livre des records: le théâtre Piccolo. Il est si petit qu'on ne sait pas parfois qui joue et où on joue: le barman sur la scène ou le mime au comptoir.

Soit: la personne qui se donne pour but de voir chaque soir un autre drame, opéra, concert ou une autre comédie ou comédie musicale (et le supporter physiquement et psychiquement) n'a pas trop d'un mois passé à Hambourg pour la saison principale, mais les temps ont changé même en été: on joue d'un bout à l'autre. Ici, on joue parfois jusqu'à 14 comédies musicales en alternance: depuis les anciennes pièces à succès garanti «Cats» et «Phantom der Oper» (Fantôme de l'opéra) jusqu'aux diverses productions qui vivent des succès de l'époque Pettycoat des années 50. Et les deux théâtres «Schmidt» de Corny Littmann sur la Reeperbahn sont devenus entre-temps une institution comme l'usine Kampnagel à Barmbek.

Le théâtre musical classique n'a rien à craindre non plus: certes les ravages du temps rongent également le Staatsoper (Opéra national) dans la Dammtorstrasse, mais aussi longtemps que la troupe provenant de l'époque des tables haricot des années 50 résistera encore aux notes aiguës de Domingo, on n'aura pas de soucis à se faire ici. La culture du théâtre musical moderne créée par Rolf Liebermann a été maintenue par la suite par le directeur général Peter Ruzicka/Gerd Albrecht et devrait atteindre son apogée en 1995 avec la première mondiale de l'opéra «Faust» de Alfred Schnittke.

S'il existait un livre des records pour la fidélité des Nibelungen à l'opéra, John Neumeier serait le leader. Ce directeur de ballet américain est à Hambourg depuis 20 ans et a fait du nom de la ville une griffe internationale. Lors de ses journées de ballet, on voit se produire tout le gratin de la branche.

Les «lions du pupitre» internationaux et les solistes instrumentaux se retrouvent dans la Musikhalle, où l'orchestre philharmonique, l'Orchestre symphonique et l'Orchestre symphonique de la NDR (radio de l'Allemagne du nord) (chef d'orchestre honorifique Günter Wand) peuvent se conduire comme des maîtres de maison. Les abonnements pour les concerts du dimanche matin doivent être transmis dans les familles tout comme l'appartenance aux «amis de la musique de chambre» dans la petite Musikhalle.

Helmut Söring

La patria de las musas:
panorama teatral y musical

Hablar del panorama teatral no es sencillo, ya que las famosas historias relacionadas con el teatro son demasiado variadas. En Hamburgo ocurre algo todas las noches, sólo hay que ir. El instituto regional de estadística registra anualmente unos 3,3 millones de espectadores que acuden a los 19 teatros más importantes, sin contar los freaks que acuden a otros lugares, los Offs y Off-Offs, que también los hay, ya que no en vano diariamente se anuncian más de 40 espectáculos teatrales en los periódicos. En Hamburgo se hace teatro sobre y junto al agua, en sótanos o en una Basílica. Lo cual no debe tomarse al pie de la letra: el "barco" de Eberhard Möbius es realmente uno de los pocos teatros navegables de Alemania. La Comedia de Rolf Mares en la Hudtwalckerstrasse sólo representa "Winterhuder Fährhaus".

El Kellertheater se representa realmente en un sótano, en el English Theatre profesionales recitan y actúan en inglés, mientras que el frívolo programa que se representa en la bellísima Basílica podría ser el blanco de las iras de algún hombre de iglesia en el sermón del domingo. El Ohnsorg-Theater (teatro "sin preocupaciones") sigue haciendo honor a su nombre, aunque no lo lleva por el buen humor que transmite, sino por el nombre de su fundador.

Algunos de los nombres de los escenarios hamburgueses son previsibles, como "Teatro para niños", la "SchlapplacHHalde", "fools garden" o "Comedia Alma Hoppe", mientras que otros pretenden estimular la fantasía como "Imago" o "Monsum".

No obstante, un hamburgués que desea entregarse a su legendaria debilidad por todo lo británico presentando, por ejemplo a un londinense la variedad de la cultura teatral de Hamburgo, lo tendrá difícil con "Ernst Deutsch" o "Schmidt" -¿cómo explicar a un gentleman que estos teatros no llevan los nombres de hombres de estado todavía con vida, sino de mimos ya fallecidos?.

Por el contrario, la "Deutsches Schauspielhaus" se sigue llamando así, aunque muchos hamburgueses preferirían que llevase el nombre de un héroe de los escenarios: Gründgens, que hasta el momento sólo ha dado título a una obra.

El teatro Thalia escogió hace más de 150 años llamarse como la musa. Los años no pasan en balde para este edificio amarillo en la Alstertor: la dama necesita un retoque, la fachada se está desmoronando. Pero sólo en el exterior, en el interior esta lleno de vida y la expectación llega al máximo siempre a final de año, cuando la compañia de Thalia con la misma tensión que la truppe de Schauspielhaus espera en la Kirchenallee que la revista "Theater heute" anuncie el mejor teatro en lengua alemana, la mejor escenificación y los mejores actores de la temporada. Ambos teatros han sido vencedores en los últimos años en todas las categorías, imponiéndose a Munich, Colonia, Berlín, Bochum, Viena o Zurich y otras ciudades.

Dejando de lado el Schauspielhaus o el Thalia, Hamburgo figura en el libro Guinness de récords por poseer el teatro más pequeño del mundo: el Piccolo-Theater, en el que a veces cuesta distinguir quién está actuando y dónde: el barman en el escenario o en mimo en la barra.

Sea como sea, a quien le gusta ver un drama/musical/comedia/ópera/concierto distinto cada noche (si su cuerpo y su mente pueden aguantarlo), en plena temporada en Hamburgo necesitará más de un mes, pero incluso en verano las costumbres han cambiado y también hay oferta teatral. Se representan hasta 14 musicales al mismo tiempo, empezando por los veteranos "Cats" y "El fantasma de la ópera" hasta las más diversas producciones, que se alimentan de los grandes éxitos de la época Pettycoat de los años 50. Y los dos teatros "Schmidt" de Corny Littmann situados en la Reeperbahn se han convertido en una institución, tal como la Kampnagel-Fabrik en Barmbek.

Las salas de conciertos de música clásica tienen el futuro asegurado. Aunque el tiempo clava sus garras en la Staatsoper situada en la Dammtorstrasse, mientras este edificio paradigmático de la era Nierentisch de los años 50 aguante los agudos de Domingo, nadie tiene por qué preocuparse. La especial atención a la ópera contemporánea iniciada por Rolf Liebermann ha sido seguida por los siguientes directores Peter Ruzicka/Gerd Albrecht y en 1995 llegó a su punto máximo con el estreno mundial de la ópera "Fausto" de Alfred Schnittger.

Si hubiera un récord para la fidelidad hasta la muerte en la ópera, John Neumeier lo ostentaría: desde hace 20 años este director de ballet americano vive en Hamburgo y ha convertido el nombre de esta ciudad en una marca comercial. En sus jornadas de ballet puede verse todo aquello que en el mundo del ballet goza de nombre y de prestigio.

Los directores de orquesta y solistas internacionales actúan en la Musikhalle, donde se alternan las Filarmónicas y Sinfónicas de Hamburgo con la Orquesta Sinfónica NDR (dirigente de honor Günter Wand). Se dice que los abonos para los conciertos matinales de los domingos pasan de padres a hijos en algunas familias, igualmente que la condición de miembro de los "Amigos de la música de cámara" en la Kleine Musikhalle.

Helmut Söring

Überwiegend leichtere Theaterkost wird auch in der „Komödie Winterhuder Fährhaus" serviert.

The "Winterhuder Ferry House" serves a light diet of comedy theatre.

A la « Comédie Winterhuder Fährhaus », on sert principalement une nourriture théâtrale assez légère.

En el teatro "Komödie Winterhuder Fährhaus" se sirve un menú ligero de comedias.

*J*ohn Neumeier bei der Probenarbeit
(kleines Foto). Der Amerikaner, der seit
1973 in Hamburg als Ballettdirektor
wirkt, hat beträchtlich zum internationalen
Renommee des Hamburger Balletts
beigetragen.

*J*ohn Neumeier at rehearsals (small
photo). The American, director
of the Hamburg Ballet since 1973, has
played a major role in achieving the
company's international reputation.

*J*ohn Neumeier lors du travail d'essai
(petite photo). Ce américain, qui travaille
depuis 1973 à Hambourg comme
directeur de ballet, a contribué pour
une part importante à la renommée
internationale du ballet de Hambourg.

*J*ohn Neumeier durante un ensayo
(foto pequeña). Este americano, afincado
en Hamburgo desde 1973 ha contribuido
notablemente a dotar al Ballet de
Hamburgo de renombre internacional.

*D*ie 1904 bis 1908 von dem Architekten
Martin Haller erbaute Musikhalle ist mit
Plastiken reich geschmückt. Zu dem
beleuchteten Unileverhaus bildet der
neobarocke Bau einen reizvollen Kontrast.

*T*he Music Hall, built by architect
Martin Haller from 1904 to 1908, is richly
adorned with plastic art. The neo-baroque
building forms a charming contrast to the
illuminated Unilever building.

*L*a Musikhalle construite de 1904 à
1908 par l'architecte Martin Haller
est richement décorée de sculptures.
Devant la maison Unilever éclairée, la
construction néo-baroque formait un
contraste charmant.

*L*a Musikhalle construida de 1904 a
1908 por el arquitecto Martin Haller está
profusamente decorada con estatuas. Ante
la iluminada casa Unilever la construcción
neo-barroca crea un atractivo contraste.

Eine Pariser U-Bahnstation war 1999 der ungewöhnliche Schauplatz von „Hoffmanns Erzählungen" in der Hamburgischen Staatsoper. Das Gebäude an der Dammtorstraße ist ein charakteristisches Beispiel für die Architektur der 50er Jahre.

In 1999 a Parisian Metro station was the unusual set for "The Tales of Hoffmann" by the Hamburg State Opera. The building in Dammtor Street is a typical example of 1950s architecture.

Une station du métro parisien a constitué, en 1999, le décor d'une mise en scène de l'Opéra de Hambourg «Les Contes d'Hoffmann». Situé dans la Dammtorstrasse, l'Opéra constitue un exemple typique de l'architecture des années cinquante.

Una estación del metro parisino fue en 1999 escenario excepcional en la Opera Estatal de Hamburgo (Staatsoper) para la representación de los "Cuentos de Hoffmann". El edificio de la ópera, en la calle Dammtorstraße es una muestra característica de la arquitectura de los años 50.

*D*rei sehr unterschiedliche Adressen des Hamburger Kulturlebens: das Literaturhaus (kleines Foto), das Ohnsorg-Theater und das Deutsche Schauspielhaus.

*T*hree highly distinct addresses in the cultural scene: Literature House (small photo), Ohnsorg Theatre and the Deutsches Schauspielhaus.

*T*rois adresses très différentes de la vie culturelle de Hambourg : la Maison de la littérature (petite photo), le théâtre Ohnsorg et le «Deutsches Schauspielhaus».

*T*res imágenes de salas muy distintas de la vida cultural de Hamburgo: la casa de la Literatura (foto pequeña), el Teatro Ohnsorg y la Deutsches Schauspielhaus.

Angebote für den Abend: „Cats" im Operettenhaus, ein Besuch in den traditionsreichen Kammerspielen oder einer experimentellen Theateraufführung auf Kampnagel.

Evening agenda: "Cats" at the operetta house, a visit to the traditional "Kammerspiele" or experimental theatre at Kampnagel.

Propositions pour la soirée : « Cats » à la Operettenhaus, une visite dans les petits théâtres riches en tradition ou une représentation théâtrale expérimentale au Kampnagel.

Propuestas para la noche: "Cats" en la Operettenhaus, una velada en el "Kammerspiele", un teatro que cuenta con una larga tradición o una obra de teatro experimental en Kampnagel.

*K*ontrastprogramm: Schauspielkunst
auf höchstem Niveau im Thalia Theater
(Szene aus Ibsen „Die Wildente") und
die „Buddy – Die Buddy-Holly-Story",
ein Musical in einem riesigen Theater-
zelt im Hafen.

A contrasting bill: first-class thespian
art at Thalia Theatre (scene from Ibsen's
"The Wild Duck") and "Buddy – The
Buddy Holly Story", a musical performed
in an enormous marquee at the harbour.

*P*rogramme à contraste : l'art dramatique
au niveau le plus élevé au théâtre Thalia
(scène extraite de Ibsen «Die Wildente»)
et la «Buddy – Die Buddy-Holly-Story»,
une comédie musicale dans une
gigantesque tente-théâtre dans le port.

*C*ontrastes: teatro del más alto nivel en
el Thalia (escena de "Die Wildente" de
Ibsen) y "Buddy – Die Buddy-Holly-Story"
un musical representado en una enorme
carpa en el puerto.

Galionsfiguren im Altonaer Museum. Das Norddeutsche Landesmuseum verfügt über eine große Schiffahrtsabteilung.

Figureheads in the Altona Museum. The North German State Museum possesses a large gallery for shipping.

Figures de proue au Musée d'Altona. Le Musée National du Nord de l'Allemagne (Norddeutsches Landesmuseum) comporte une importante section maritime.

Mascarones de proa en el museo de Altona. El Museo del Norte de Alemania (Norddeutsches Landesmuseum) posee una gran colección dedicada a la navegación.

Kostbares und Kurioses:
Museen und Ausstellungen

„Jedem anständig Gekleideten, den Kindern nur in Begleitung Erwachsener" war die Betrachtung der Gemälde gestattet: Nicht mehr als 40 Bilder hingen an den Wänden der 1850 in den Börsenarkaden eingerichteten ersten öffentlichen städtischen Gemäldegalerie Hamburgs. Aus diesen bescheidenen Anfängen entwickelte sich eine der qualitätsvollsten Kunstsammlungen Deutschlands, und bald konnte die Hamburger Kunsthalle auch ein eigenes Gebäude an der Alsterhöhe beziehen.

Es waren vor allem die Mitglieder des 1817 gegründeten „Hamburger Kunstvereins" und andere ebenso kunstsinnige wie wohlhabende Bürger der Stadt, die durch Schenkungen, Erbschaften und Spenden zum stetigen Anwachsen der Sammlung beitrugen.

„Hier hängt das also", sagt ein auswärtiger Besucher vor Caspar David Friedrichs „Eismeer" ehrfürchtig. Wie in allen berühmten Museen der Welt hat auch in Hamburg fast jeder bei seinem Rundgang Aha-Erlebnisse, begegnet von Kindheit her vertrauten Kunstwerken hier zum erstenmal im Original. Die Schätze der Kunsthalle sind schier unermeßlich, und immer wieder finden auch spektakuläre Sonderausstellungen statt, die Hunderttausende Besucher aus dem In- und Ausland nach Hamburg locken. Schon zu Beginn unseres Jahrhunderts reichte der in den Jahren 1863 bis 1869 entstandene spätklassizistische Altbau nicht mehr aus, so daß von 1911 bis 1919 ein Erweiterungsbau angefügt wurde. Doch da auch dieser Platz längst nicht mehr genügt, entschloß sich die Stadt zu einem Neubau: Nach dem Entwurf des Architekten Oswald Mathias Ungers entstand in den neunziger Jahren ein markantes Gebäude mit 5 000 Quadratmeter Ausstellungsfläche auf drei Etagen. Damit hat die Kunstmeile, die sich von den Deichtorhallen über den Kunstverein bis hin zu dem dann dreiteiligen Komplex der Kunsthalle erstreckt, ihren glanzvollen Abschluß erhalten.

Nicht weit entfernt, am Steintorplatz, befindet sich das Museum für Kunst und Gewerbe, das auch über eine berühmte und erlesene Sammlung verfügt: Sakrale Kunst aus dem Mittelalter, Kunsthandwerk und künstlerisch gestaltete Gebrauchsgegenstände aus Renaissance, Barock, Rokoko, Klassizismus und Historismus sind hier ebenso zu finden wie antike und ostasiatische Kunstwerke, Porzellane, Glasgegenstände, aber auch Möbel aus dem Jugendstil und der frühen Moderne sowie eine bemerkenswerte Sammlung zur Geschichte der Fotografie.

Hamburgs Entwicklung vom Mittelalter bis zur Gegenwart, die Kulturgeschichte der Hansestadt, aber auch die Bedeutung des Hafens und der Schiffahrt vermittelt mit zahllosen Exponaten das Museum für Hamburgische Geschichte am Holstenwall. Kinder zieht es in dem riesigen Backsteingebäude mit glasüberdachtem Innenhof vor allem in den zweiten Stock, wo sie wie Gulliver im Lande der Zwerge eine Modelleisenbahnanlage der Superlative bewundern können. Zu den großen staatlichen Häusern zählen ferner das Völkerkundemuseum mit einer bedeutenden ethnologischen Sammlung, das regionalhistorisch orientierte Altonaer Museum und das in Harburg gelegene Helms-Museum. Außer den Museen bieten auch Hamburgs Galerien einen vielfältigen Einblick in Kunstentwicklungen und aktuelle Trends. Mehr als 100 Galerien sind in der Hansestadt beheimatet.

Normalerweise gehören Taxameter ins Taxi, Biergläser in die Kneipe und Gewürze ins Regal. In Hamburg kann man diese im richtigen Leben so genau zu lokalisierenden Dinge aber auch dort finden, wo man sie kaum vermutet: in den mehr als 20 privaten Museen. Das Taxametermuseum an der Rothenbaumchaussee besteht aus 24 automobilen Groschengräbern und dürfte damit Hamburgs kleinstes Museum sein, dicht gefolgt vom Bierglasmuseum in Finkenwerder, in dem immerhin 7 550 Trinkgefäße von 2 045 deutschen Brauereien bestaunt werden können. Berühmt sind die beiden Museumsschiffe „Cap San Diego" und „Rickmer Rickmers" unweit der Landungsbrücken und die betagten Kähne im Museumshafen Övelgönne, betörend das Erotic Art Museum auf St. Pauli, das schlüpfrige und sündige Kunst präsentiert, belehrend das Hamburger Schulmuseum, zu dessen Sammlung ausrangierte Rohrstöcke gehören, bizarr das Sielmuseum mit Fundstücken aus Hamburgs Unterwelt und berüchtigt das Gewürzmuseum Hot Spice in der Speicherstadt. Dort befindet sich auch das Deutsche Zollmuseum, in dem originelle Schmugglertricks mit originalen Beweisstücken zur Schau gestellt werden.

Kurioses, Bizarres und Erstaunliches zeigen ferner das electrum – Museum der Elektrizität, das Deutsche Maler- und Lackierermuseum, das Panoptikum auf der Reeperbahn und eine ganze Reihe weiterer Privatsammlungen. „Die Museen sind zu Orten geworden", sagte Hamburgs Kultursenatorin Christina Weiss angesichts stetig wachsender Besucherzahlen zufrieden, „an denen die Menschen die Distanz zu den Dingen überwinden können."

Gänzlich verschwunden ist diese Distanz in Harry's Hafenbasar, einer phantastischen Rumpelkammer voller fernwehhaltiger Schätze, die Seeleute aus aller Welt hierher getragen haben und die alle ihre eigene Geschichte erzählen könnten. Ob Haifischzahn oder Buddelschiff, Dolch oder Degen, Seesack oder Seeigel, Bier- oder Spieldose – wovon man in der Kunsthalle nur träumen kann, hier wird es wahr: Die Museumsstücke sind nämlich nicht nur zum Betrachten und Bestaunen da, bei Harry darf man sie auch anfassen und sogar mit nach Hause nehmen, nachdem sie an der Museumskasse bezahlt worden sind.

Matthias Gretzschel

Treasures and Curios:
Museums and Exhibitions

"Anyone decently dressed, minors to be accompanied by adults" was permitted to admire the paintings: no more than 40 works hung on the walls of Hamburg's first municipal art gallery, which was set up in the colonnades of the stock exchange in 1850. These modest beginnings gave birth to one of Germany's foremost art collections and Hamburg Art Gallery soon moved into a separate building on Alsterhöhe. This success was due primarily to the members of Hamburg Art Society, founded in 1817, and various other art-loving, prosperous citizens who bestowed gifts, legacies and donations upon the collection, thus ensuring its steady growth.
"So this is where it hangs", says a visitor to the city, gazing reverently at Caspar David Friedrich's "Eismeer" (Icy Sea). As in every other famous museum throughout the world, almost every visitor to Hamburg has a revelational experience on his way round the gallery, when he comes face to face with the original of a masterpiece which has been familiar to him since childhood. The art gallery's treasures are simply immeasurable and spectacular special exhibitions are staged regularly, attracting visitors in their hundreds of thousands from Germany and overseas to Hamburg. By the turn of the century, the late classicist building which had been erected from 1863 to 1869 was overflowing and an annexe was built from 1911 to 1919. But since that too has long since been full to capacity, the city authorities decided to have a new art gallery built. A striking building with 5000 square metres of exhibition space on a total of three storeys was constructed in the 1990s, based on plans by the architect Oswald Mathias Ungers. This last section in the three-part complex now adds the perfect finishing touch to the art mile, which runs from the Deichtor galleries past the art society to the art gallery itself.
Not far away, at Steintorplatz, is the Museum of Arts and Crafts, which also has a famous and exquisite collection: mediaeval religious art, crafts and artistically designed utensils from the renaissance, baroque, rococo, classicist and historicism periods are to be found here, alongside antique and East Asian works of art, china and glass objects. The museum also houses furniture from the art nouveau and early modern periods as well as a notable collection on the history of photography.
Hamburg's development from the Middle Ages to the present day, the cultural history of the city, but also the significance of the harbour and the shipping trade are evident in the numerous exhibits on view at the Museum of Hamburg History at Holstenwall. Children are irresistibly attracted to the second floor of this huge red-brick building with the glass-roofed atrium, where they can admire a magnificent model railway, as Gulliver did in the land of Lilliput. The list of major state-owned establishments also includes the Museum of Ethnology with an impressive collection, Altona Museum which deals with regional history, and Helms Museum in Harburg. In addition to the museums, Hamburg's galleries convey a comprehensive idea of art history and current trends. The city is home to more than 100 galleries.
Normally, taximeters belong in taxis, beer-mugs in pubs and spices in a rack. In Hamburg, however, you can also find these objects, so easily located in everyday life, in places you would least expect them: in more than 20 private museums. The Taximeter Museum on Rothenbaumchaussee is made up of 24 of these "automobile money-boxes" and is thus probably Hamburg's smallest museum, closely followed by the Beer Mug Museum in Finkenwerder, where visitors can marvel at no fewer than 7550 drinking vessels from 2045 German breweries. Other famous museums are the two museum ships Cap San Diego and Rickmer Rickmers, not far from the landing stages and the old boats at Övelgönne Museum Harbour. The beguiling Erotic Art Museum in St. Pauli presents risqué and lascivious art, while the didactic School Museum collection features such items as discarded canes. In the bizarre atmosphere of the Siel Museum, visitors can discover strange finds from Hamburg's underworld, while at the Hot Spice Museum in the warehouse district, the olfactory nerves can appreciate, as the name says, all kinds of spices. That is also the site of the German Customs Museum, which displays ingenious smugglers' tricks with the help of the original evidence.
Curiosities, bizarre and amazing items can also be admired at electrum, the Museum of Electricity, the German Museum of the Painting Trade, the Reeperbahn Waxworks and a whole series of other private collections. "The museums have turned into places", says Hamburg's Cultural Senator Christina Weiss, pleased with the steadily growing number of visitors, "where people can bridge the distance to the exhibits." This distance has vanished completely in Harry's Harbour Bazaar, a fantastic glory-hole of travel mementoes brought back by seafarers from all over the world. Each and every one of them has a story to tell: whether a shark's tooth or a ship in a bottle, dagger or rapier, seaman's kitbag or sea urchin, beer can or musical box. And what may be taboo for visitors to the art gallery is perfectly legitimate here: the museum pieces in Harry's bazaar are not just to be admired from afar, here you are allowed to touch them and can even take them home with you – after you have paid for them at the check-out.

Matthias Gretzschel

Blick in den Lichthof der Galerie der Gegenwart. In dem von Oswald Mathias Ungers erbauten Gebäude wird Kunst aus der Zeit nach 1960 gezeigt.

View of the 'Light Yard' of the Galerie der Gegenwart. The building, designed by Oswald MathiasUngers, houses post-1960 art.

Vue sur la cour intérieure de la Galerie du Présent. Dans ce bâtiment, conçu par Oswald Mathias Ungers, sont exposées des œuvres d'art postérieures à 1960.

Vista del patio interior de la Galería Contemporánea (Galerie der Gegenwart). En el edificio edificado por Oswald Mathias Ungers se muestra arte a partir de los años 60.

Elément précieux et curieux :
les musées et les expositions

Nach einem Rundgang durch die bewegte Geschichte der Stadt kann man sich im Café des Museums für Hamburgische Geschichte ausruhen und stärken.

After a trip round the turbulent history of the city, tourists can rest and refresh themselves at the café in the Museum of Hamburg History.

Après un tour d'horizon de l'histoire mouvementée de la ville, on peut se reposer et se réconforter au Café du Musée de l'histoire de Hambourg.

Tras hacer un recorrido por la agitada historia de la ciudad, puede reposar en el café del Museo de Historia de Hamburgo.

Regarder les tableaux était autorisé «à toutes les personnes décemment habillées et aux enfants seulement en compagnie d'adultes. Pas plus de 40 tableaux étaient accrochés sur les murs de la première galerie de tableaux publique et municipale de Hambourg qui fut aménagée en 1850 dans les arcades de la Bourse. A partir de ces débuts modestes, il s'est développé l'une des meilleures collections d'art au niveau de la qualité en Allemagne, et la Kunsthalle (Musée des Beaux-arts) ne tarda pas à avoir également son propre bâtiment au niveau de l'Alster.

Ce furent surtout les membres de «l'Association d'art de Hambourg» fondée en 1817 et d'autres citoyens de la ville ayant le goût de l'art et aisés qui contribuèrent par des cadeaux, des héritages et des dons à l'accroissement de la collection.

«Un visiteur étranger à la ville dit avec une crainte respectueuse devant le tableau «Mer de glace» de Caspar David Friedrich «il est donc accroché ici». Comme dans tous les musées célèbres du monde, presque chacun a des souvenirs de «ha! ha!» au cours de son circuit à Hambourg également, en rencontrant ici pour la première fois les originaux d'oeuvres d'art qui lui sont familières depuis l'enfance. Les trésors du Musée des beaux-arts sont presque incommensurables, et on ne cesse d'avoir des expositions spécialisées spectaculaires qui attirent à Hambourg des centaines de milliers de visiteurs en provenance d'Allemagne et de l'étranger. Déjà au début de notre siècle, l'ancien bâtiment du style classique tardif qui vit le jour de 1863 à 1869 ne suffisait plus, de sorte qu'on a ajouté un bâtiment d'extension de 1911 à 1919. Cependant, comme cet emplacement n'est plus suffisant depuis longtemps, la ville s'est décidée pour une nouvelle construction : après le projet de l'architecte Oswald Mathias Ungers, on assista à partir de 1992 à la construction d'un bâtiment marquant avec 5000 mètres carrés de surface d'exposition sur trois étages. Ainsi, la lieue consacrée à l'art, qui va des galeries du Deichtor au complexe en trois parties du Musée des Beaux-Arts en passant par l'Association pour l'art, est brillamment achevée. Non loin de là, sur la place Steintorplatz, se trouve le Museum für Kunst und Gewerbe (Musée des Arts décoratifs), qui dispose également d'une collection célèbre et choisie : art sacré provenant du Moyen-Age, artisanat d'art et objets usuels de conception artistique provenant des époques Renaissance, baroque, rococo, classicisme et diverses sont exposés ici de même que des oeuvres d'art de l'Antiquité et de l'est de l'Asie, des porcelaines, des objets en verre, mais également des meubles dans le Jugendstil (fin du 19è siècle) et du début de l'époque moderne ainsi qu'une collection remarquable sur l'histoire de la photographie.

Le développement de Hambourg du Moyen-Age jusqu'à l'époque actuelle, l'histoire de la civilisation de la ville hanséatique, mais également l'importance du port et de la nagivation sont expliqués avec de nombreux objets exposés par le Musée de l'histoire de Hambourg sur le Holstenwall. Il attire les enfants dans le gigantesque bâtiment en brique avec une cour intérieure recouverte de verre, surtout au deuxième étage où ils peuvent admirer une maquette de chemin de fer des superlatifs, comme Gulliver au pays des nains. Au nombre des grandes maisons appartenant à l'état, on compte également le Musée ethnographique avec une importante collection ethnologique, le Musée de Altona axé sur l'histoire de la région et le Musée Helms situé dans le Harburg. Outre les musées, les galeries de Hambourg permettent également un regard varié sur les évolutions de l'art et les tendances actuelles. Plus de 100 galeries sont originaires de la ville de la Hanse.

Normalement, on trouve les taximètres dans les taxis, les verres de bière dans les bistros et les épices sur l'étagère. A Hambourg, les choses que l'on sait localiser de façon si précise dans la vie normale, on peut aussi les trouver là où l'on ne soupçonne guère leur présence : dans les plus de 20 musées privés. Le musée du taximètre dans la Rothenbaumchaussee comprend 24 machines à sous automobiles et doit être le plus petit musée de Hambourg, suivi de près par le musée du verre à bière à Finkenwerder où l'on peut contempler quelque 7550 récipients pour boire provenant de 2045 brasseries allemandes. Célèbres sont les deux bateaux de musée Cap San Diego et Rickmer Rickmers non loin des appontements et les barques âgées dans le port-musée d'Ovelgönne, envoûtant le Erotic Art Museum à St. Pauli qui présente l'art grivois et pécheur, instructif le Musée sur l'école de Hambourg, qui possède une collection de férules mises au rebut, bizarre le Musée de l'écluse avec des objets trouvés provenant du soussol de Hambourg et mal famé le Musée des épices Hot Spice dans la ville des entrepôts. C'est là que se trouve également le musée allemand de la douane où l'on fait étalage de «trucs» pour la fraude avec des pièces à conviction originales.

Des choses curieuses, bizarres et étonnantes sont également montrées par le Musée de l'électricité (electrum), le Musée allemand du peintre et du laqueur, le Panoptikum sur le Reeperbahn et toute une série d'autres collections privées. Christina Weiss, la respon-sable de la culture de Hambourg, déclare satisfaite compte tenu des chiffres toujours croissants de visiteurs : «Les musées sont des lieux où les gens peuvent vaincre la distance par rapport aux choses.»

Cette distance est complètement disparue dans le bazar du port de Harry, un débarras fantastique plein de trésors renfermant la nostalgie des pays lointains que des marins du monde entier ont amenés ici et qui pourraient raconter leur propre histoire. Qu'il s'agisse de dent de requin ou de bateau en bouteille, de poignard ou d'épée, de sac de marin ou d'oursin, de canette de bière ou de boîte à musique, tout ce dont on ne peut que rêver dans le Musée des Beaux-Arts devient réalité ici : les pièces de musée ne sont en effet pas là uniquement pour être contemplées et regardées avec étonnement, car chez Harry on a le droit de les toucher et même de les emporter chez soi, après les avoir payés à la caisse.

Matthias Gretzschel

Objetos valiosos y curiosidades:
Museos y exposiciones

"**A** todas las personas vestidas decentemente, y niños sólo en compañía de adultos" se les permitía contemplar los cuadros. No más de 40 cuadros colgaban en las paredes de la primera galería pictórica pública de Hamburgo que se creó en las arcadas de la bolsa en 1850. A partir de estos tímidos inicios se desarrolló una de las principales colecciones de arte de Alemania, y pronto, la Galeria de Arte de Hambourgo (Kunsthalle) pudo mudarse a un edificio propio en la Alsterhöhe.

Fueron especialmente los miembros de la "Asociación artística de Hamburgo" fundada en 1817 y otros prósperos ciudadanos interesados por el arte los que hicieron posible que la colección creciera constantemente mediante donaciones, legados y aportaciones.

"O sea que está aquí", dice con admiración un visitante de otra ciudad al contemplar el cuadro "Mar helado" de Caspar David Friedrich. Como en todos los museos de prestigio del mundo, también en Hamburgo los visitantes de los museos se quedan asombrados al contemplar por primera vez en original las obras de arte que conocen desde niños. Los tesoros de la Kunsthalle no pueden calcularse, y continuamente se organizan exposiciones especiales, que atraen a Hamburgo visitantes procedentes de Alemania y del extranjero. A principios del presente siglo se hizo evidente que el antiguo edificio del clasicismo construido de 1863 a 1869 se había quedado pequeño, por lo que entre 1911 hasta 1919 se construyó un anexo. Pero cuando ni siquiera allí había suficiente espacio, la ciudad decidió construir un nuevo edificio: siguiendo los planos del arquitecto Oswald Mathias Ungers en 1992 se empezó la construcción de un llamativo edificio de 5.000 metros cuadrados de superficie de exposición con tres pisos. De este modo estas instalaciones dedicadas al arte que comprenden Deichtorhallen, la asociación de arte y el complejo de tres edificios de la Kunsthalle, recibirán un magnífico último toque.

No muy lejos, en Steintorplatz se encuentra el Museo de Artes y Oficios (Museum für Kunst und Gewerbe), que también posee una famosa y selecta colección: arte sacro medieval, artesanía y objetos de uso habitual de artístico diseño del Renacimiento, Barroco, Rococó, Clasicismo e Historismo, así como obras de arte de la antiguedad y del lejano oriente porcelanas, objetos de cristal y muebles de estilo modernista y modernos, y también una notable colección sobre la historia de la fotografía.

El museo de historia de Hamburgo (Museum für Hamburgische Geschichte) situado en Holstenwall muestra a través de sus numerosos objetos expuestos la evolución de Hamburgo desde la Edad Media hasta la actualidad, la historia cultural de la ciudad hanseática y también la importancia del puerto y del transporte marítimo. Los niños se sentirán atraídos sobre todo por la segunda planta del enorme edificio de ladrillo con un patio interior acristalado donde podrán sentirse como Gulliver en el país de los enanos admirando una magnífica instalación de ferrocarril a escala. No hay que olvidar el Museo de Etnología (Völkerkundemuseum) que posee una importante colección, el Museo del Norte de Alemania (Altonaer Museum) y el Museo Arceológico (Helms-Museum) situado en Harburg. Junto a los museos, las galerías de Hamburgo ofrecen una variada visión de las evoluciones artísticas y las tendencias actuales. En Hamburgo están registradas más de 100 galerías.

Normalmente los taxímetros están en los taxis, las jarras de cerveza en la taberna y las especias en el armario. En Hamburgo estas cosas que se encuentran en lugares concretos en la vida real, también pueden encontrarse donde menos se espera: en los más de 20 museos privados. El Museo del Taxímetro en la Rothenbaumchaussee expone 24 de estos artilugios tragamonedas, con lo que probablemente es el museo más pequeño de Hamburgo, seguido muy de cerca por el Museo de Jarras de Cerveza (Bierglasmuseum) en Finkenwerder en el que pueden admirarse 7.550 jarras procedentes de 2.045 cervecerías alemanas. Son famosos los dos barcos museo Cap San Diego y Rickmer Rickmers, cerca del desembarcadero y las antiguas barcas en el museo Övelgönne, fascinante el Museo de Arte Erótico en San Pauli, que presenta arte picante y pecaminoso, instructivo el Museo de la Escuela, cuya colección comprende las varas de castigo ya en desuso, singular el Museo de las Cloacas (Abwasser- und Sielmuseum) con objetos encontrados en el subsuelo de la ciudad y de mala fama el Museo de las Especias Hot Spice en el barrio de los almacenes en el puerto. Allí se encuentra asimismo el Museo alemán de las Aduanas (Deutsches Zollmuseum), en el que se exponen trucos de contrabandistas junto con pruebas originales.

Otros objetos curiosos, extraños y asombrosos pueden verse en el Museo de la Electricidad llamado "electrum", el Museo alemán de Pinturas y Lacas, el Gabinete de Figuras de Cera (Panoptikum) en la Reeperbahn y toda una serie de colecciones privadas. "Los museos se han convertido en lugares en los que las personas pueden salvar la distancia que las separan de las cosas", declaró con satisfacción la senadora de cultura de Hamburgo Christina Weiss en vista del número creciente de visitantes.

Esta distancia ha desaparecido por completo en el Bazar del Puerto de Harry, un fantástico trastero lleno de tesoros evocadores que los marinos traen de todo el mundo, cada uno de ellos con su propia historia. Puede tratarse de un diente de tiburón, un barco en una botella, una daga o un puñal, un saco de marinero o un erizo de mar, latas de cerveza o cajas de música – lo que en la Kunsthalle es un sueño, aquí es realidad: las piezas de museo no están sólo para ser admiradas, sino que también pueden tocarse e incluso llevárselas a casa, naturalmente después de haber abonado su precio en la caja del museo.

Matthias Gretzschel

Außer Musealem hält auch die Kunsthalle in dem – bei Insidern geschätzten – Café Liebermann Kulinarisches bereit.

In addition to museum objects, the Art Gallery also offers culinary delights in the Liebermann Café, much appreciated by gourmets.

Outre les choses de musée, le Musée des Beaux-Arts propose également des spécialités culinaires dans le Café Liebermann (estimé auprès des initiés).

Junto a las piezas de museo, la Kunsthalle también ofrece creaciones culinarias muy apreciadas en el Café Liebermann.

*D*ie Galerie der Gegenwart ist der jüng-
ste Teil der Kunsthalle. Das Gebäude
am Alsterufer bildet den Auftakt zur
Hamburger Kunstmeile. Zur Gemälde-
sammlung der Kunsthalle gehört auch
Max Liebermanns 1902 entstandenes
Gemälde „Terrasse des Restaurants Jacob
in Nienstedten".

*T*he Galerie der Gegenwart is the newest
part of the Kunsthalle (Art Gallery). The
building by the shores of the Alster forms
the beginning of the Kunstmeile
(Art Mile). The Art Gallery's collection
also includes Max Liebermann's 1902
painting "Terrace of the Jacob restaurant
in Nienstedten".

*L*a Galerie du Présent constitue la partie
la plus récente de la «Kunsthalle». Ce
bâtiment constitue le premier élément
d'un parcours artistique (Kunstmeile).
Le tableau «Terrasse du restaurant Jacob à
Nienstedten» de Max Liebermann, qui
vit le jour en 1902, fait partie également
de la collection de tableaux du Musée
des Beaux-Arts.

*L*a Galería Contemporánea (Galerie der
Gegenwart) es la parte más nueva del
Centro de Arte (Kunsthalle). El edificio
ubicado a la orilla del Alster es la entrada
a la Milla del Arte (Kunstmeile).
La colección de pinturas de la Kunsthalle
cuenta con el cuadro de 1902 obra de
Max Liebermann "Terraza del
restaurante Jacob en Nienstedten".

*E*s zählt zu den berühmtesten
Exponaten der Hamburger Kunsthalle:
Caspar David Friedrichs Gemälde
„Das Eismeer" entstanden in den
Jahren 1823/24.

*O*ne of the best-known exhibits in
Hamburg Art Gallery:
Caspar David Friedrich's "Icy Sea",
painted in 1823/24.

*I*l fait partie des objets exposés les plus
célèbres du Musée des Beaux-Arts de
Hambourg : le tableau «la mer de glace»
de Caspar David Friedrich. Il vit le jour
dans les années 1823/24.

*U*na de las piezas más famosas
expuestas en la Kunsthalle de
Hamburgo: el cuadro "El mar helado"
(1823/24) de Caspar David Friedrich
pintado en los años 1823/24.

*K*unst im Raum: Blick in das Jenisch-Haus und in das Museum für Kunst und Gewerbe. Die kleine Abbildung zeigt eine klassizistische Plastik aus der Sammlung der Kunsthalle.

*I*nterior art: a glimpse inside Jenisch House and the Museum of Arts and Crafts. The small photo shows a classicist statue from the Art Gallery's collection.

L'art dans l'espace : un coup d'oeil dans la Villa Jenisch et le Musée des arts décoratifs. La petite reproduction représente une sculpture de style néoclassique provenant de la collection du Musée des Beaux-Arts.

*A*rte en interior: vista de la casa Jenisch y del Museo de Artes y Oficios. La foto pequeña muestra una escultura clasicista perteneciente a la colección de la Kunsthalle.

*N*ach einer umfassenden Restaurierung erstrahlt das Treppenhaus der Kunsthalle in alter Pracht. In den Deichtorhallen werden oft vielbeachtete Kunstausstellungen gezeigt.

*A*fter extensive restoration, the staircase in the Art Gallery is again resplendent in its former majesty. Renowned art exhibitions are often staged in the Deichtor Halls.

*A*près une restauration complète, la cage d'escalier du Musée des Beaux-Arts resplendit dans son ancienne magnificence. Dans les galeries du Deichtor, on présente souvent des expositions d'art très visitées.

*T*ras una completa restauración, la escalera de la Kunsthalle ha recuperado su esplendor. En las Deichtorhallen se organizan a menudo exposiciones de gran éxito.

*H*afenromantik in schwimmenden
Museen: Die „Rickmer Rickmers"
(links oben die Galionsfigur) zeugt
ebenso von maritimer Vergangenheit
wie die Windjammer im Museumshafen
Övelgönne (kleines Foto rechts).

*S*eafaring romance in floating museums:
"Rickmer Rickmers" (the figurehead at the
top left) testifies to the city's maritime past
as do the tall ships in Övelgönne
Museum Harbour (small photo on right).

*L*e romantisme du port dans des musées
flottants : le «Rickmer Rickmers» (à gauche
en haut la figure de proue) témoigne du
passé maritime de même que les „Windjammer" (grands voiliers) au port-musée
de Övelgönne (petite photo à droite).

*R*omanticismo del puerto en museos
flotantes: El Rickmer Rickmers (galeón
de izquierda arriba) testimonia el pasado
marítimo del mismo modo que los veleros
del puerto museo Övelgönne (pequeña
foto derecha) - Porque ¿es Övelgönne
verdad?.

*Ein beliebter Treffpunkt am Fischmarkt:
die alte Fischauktionshalle.*

*The old fish auction rooms are a popular
meeting place at the fish market.*

*Un point de rendez-vous aimé sur le
marché aux poissons: l'ancienne halle de
vente aux enchères pour le poisson.*

*Un popular punto de reunión en el
mercado de pescado: la vieja sala de
subastas de pescado.*

Wo die Nächte lang sind:
Die Hamburger Szene

In Hamburg feiert sich die Szene selbst – vor allem, wenn sie in die Jahre gekommen ist. „Szene '75" hieß im Sommer 1995 das nostalgische Motto, unter dem sich all jene in der Altonaer „Fabrik" versammelten, die damals den Slogan „Hamburg '75 – Jungs, ist das gemütlich" ausgaben: Gottfried Böttger, Lonzo, der als „Teufelsgeiger von Eppendorf" zweifelhaften Ruhm erlangte, Leinemann und so einige andere, die mittlerweile längst vergessen sind. Eine rührende Ansammlung graumelierter Endvierziger, ein korrekt frisierter Mythos jener „Hamburger Szene", die schnell zum werbewirksamen Event wurde, eine schummerige Kaschemme als Nukleus dieses buntschillernden Kosmos: das „Onkel Pö" am Eppendorfer Lehmweg.

Schnee von gestern. Zwanzig Jahre später ist alles ganz anders und auch wieder nicht. Das „Onkel Pö" ist längst tot, dort residiert inzwischen das „Legendär", eine passable Kneipe, mehr nicht. Doch der Sound der Siebziger paßt auch in die Neunziger und wird von jungen Bands eifrig kopiert.

Gute Musik gibt's in Hamburg an vielen Orten, jedoch ohne Garantie, dort gleich jene Szene anzutreffen, die, wenn es sie denn überhaupt gibt, sich doch immer gerade woanders aufhält. Schließlich ist Mobilität die Conditio sine qua non derjenigen, die dazugehören wollen: Kommen die Massen, seien es Touristen oder Neugierige aus den ungeliebten hanseatischen Randbezirken und Vorstädten, sind die eiligen Jünger der Nacht schon wieder woanders. Namen, die heute noch zählen, können morgen schon als Persona non grata gehandelt werden. Angesagt ist immer genau das, wo sich die selbsternannte In-Group gerade aufzuhalten pflegt, den sogenannten Trend (der dort nicht unbedingt Genosse ist) immer fest im Visier. Die Szene ist schnellebig.

Gleichwohl: Die „Fabrik" und der „Mojo-Club", „Birdland" und „Logo", „Große Freiheit 36", „Grünspan", „Markthalle" und das „Docks" mit seiner „Prinzenbar" sind nach wie vor die Top-Live-Adressen in Sachen zeitgemäßem wie auch klassischem Pop, Rock, Jazz und Latin. Und das wird wohl auch noch eine Weile so bleiben. Ausnahmen, wie immer, bestätigen diese Regel.

Hamburg, zwar bekannt für sein Schmuddelwetter, hat dennoch auch draußen einiges zu bieten. Zu den fraglos herausragenden Plätzen der Stadt zählt das „Cafe Engel" nicht wegen seiner Küche, sondern wegen der Lage: In luftiger Höhe thront es über dem Fähranleger in Teufelsbrück, und von der Terrasse geht der Blick weit über die Elbe gen Westen, wo die Sonne, jedenfalls wenn sie es gut meint, glutrot im Strom versinkt.

Zu den Standard-Treffs am Elbstrand zählt die „Strandperle" in Övelgönne: Dort im Sand oder an einem der wenigen Plätze auf der Terrasse zu sitzen hat für eine leicht alternativ angehauchte Szene seine ganz eigene Tradition. Vorbei-

ziehende Containerschiffe, Kleinkinder und mitgebrachte Hunde inklusive. Auch im „Café Schöne Aussichten" in Planten un Blomen, im „Fiedlers" am Uhlenhorster Mühlenkamp-Anleger oder im „Café Leinpfad" am Bootsanleger Winterhuder Fährhaus (mit dezent angeschickter Klientel) läßt sich die seltene Hamburger Sonne genießen. Ebenso bei „Bobby Reich": Hier trifft sich das gehobene Hamburg, um die Aussicht auf die Außenalster zu genießen, das eigene längsseits festgemachte Segelboot immer fest im Blick.

Herz der Szene und des Entertainments ist – nein, nicht Eppendorf, sondern St. Pauli. Ein Stadtteil im Umbruch: Wo einst allein fragwürdiger Fleischbeschau gefrönt wurde, machen seit einiger Zeit sowohl Konventionelles als auch Schräges die Nacht zum Tag – rund 400 Bars, Restaurants, Musik-Clubs und Kneipen konkurrieren auf dem Kiez zwischen Hans-Albers-Platz und Spielbudenplatz, zwischen Silbersackstraße und der Großen Freiheit. Fast täglich kommen neue Clubs, Diskotheken oder Bars hinzu: das „Ci'us" etwa oder der „Tunnel", das „E-D-K" oder der „Golden Pudel Club" mit seinem Charme eines feuchten Kellergewölbes – eine Inflation der In-Treffs, deren Ende langsam in Sicht gerät.

Tradition aber ist auch dort zu Hause: „Angie's Night Club" am Spielbudenplatz zum Beispiel ist längst ein Klassiker unter den Kiez-Clubs. Angie Stardust, schwergewichtige Betreiberin des Amüsements, mit ihrer berückenden Soul-Stimme ist die Seele des Unternehmens, das sich auch gern mit dem einen oder anderen prominenten Namen in der Gästeliste schmückt. Ein anderer Alteingesessener ist Corny Littmann. Seine beiden Häuser „Schmidt" und „Schmidts Tivoli" sind bekannte Bastionen für Varieté, Comedy und Kabarett.

Überhaupt hat in Hamburg das Kabarett Konjunktur. Außer dem Kabarett-Festival, das von 1999 an von den Hamburger Kammerspielen veranstaltet wird, gibt es eine Reihe anderer Stätten des höheren (oder nicht selten auch niederen) Humors: die „SchlapplacHHalde" in der Rentzelstraße etwa, das „Lustspielhaus" in der Ludolfstraße, das „Mon Marthe" in der Tarpenbekstraße oder die „Comedy Station" im „Imperial Theater" an der Reeperbahn.

Neben St. Pauli hat's die City schwer. Doch immerhin: Wo früher spätestens gegen sieben Uhr abends der letzte anwesende Angestellte das Licht löschte, halten heute einige wenige Bars etwas Abwechslung nach Feierabend parat. Zwei von ihnen liegen direkt im Schatten des postmodernen Steigenberger-Hotels auf der sogenannten Fleet-Insel: der „Marinehof" mit so guter wie preiswerter Küche und die für ihre Sushi bekannte „Rialto-Bar". Beide sind Horte des Wohlgefühls inmitten der gläsernen Pracht hanseatischer Passagen und Bürohäuser.

Die Architektur einer vergangenen Epoche gibt es im „Eisenstein" zu besichtigen. Es ist nicht nur berühmt für seine raffinierten Pizza-Variationen, sondern neben „Filmhauskneipe" und „Voltaire" eine etablierte Anlaufstelle in den Altonaer Zeisehallen: Dort hat der Film in der Hansestadt eine kleine, aber feine Heimat gefunden.

Und die Szene? Die bleibt sich selbst überlassen, oder sie ist schon wieder fort. Ganz so, wie sie es immer macht.

Volker Albers

Where the Nights are Long:
Hamburg's Scene

In Hamburg, the in-crowd celebrates itself – especially when it is getting on in years. "Scene of '75" was the nostalgic motto of summer 1995, which summoned back to the "Fabrik" in Altona all those who had originally coined the slogan "Hamburg '75 – boy, is that laid back!" Gottfried Böttger, Lonzo – who had acquired a certain notoriety as the "demon fiddler of Eppendorf", Leinemann and many others long since forgotten. A touching gathering of forty-somethings with a sprinkling of grey at the temples, a neatly turned-out legend of the bygone "Hamburg scene" which was quickly transformed into a publicity event, with "Onkel Pö", a dimly-lit, seedy joint on Eppendorfer Lehmweg, forming the nucleus of this scintillating cosmos.

The snows of yesteryear. Twenty years later, everything has changed completely – or has it? "Onkel Pö" closed its doors long ago, but has meanwhile been replaced by "Legendär", quite a passable example as pubs go – but no more than that. The sound of the 70s, however, goes well with the 90s and is eagerly copied by young bands.

Good music can be heard at places all over Hamburg – but there's no guarantee that that's where you will find the in-crowd. If it does in fact exist, it always happens to be somewhere else. After all, mobility is the conditio sine qua non of those who want to be part of it: as soon as the masses arrive, whether tourists or curious onlookers from the despised Hanseatic suburbs and satellite towns, it is time for the restless apostles of the night to move on. Names that are highly regarded one day may well be persona non grata the next. The scene is short-lived.

And yet, "Fabrik" and "Mojo Club", "Birdland" and "Logo", "Grosse Freiheit 36", "Grünspan", "Markthalle" and the "Docks" with its "Prinzenbar" are still the top addresses for live music in Hamburg, be it modern or classical pop, rock, jazz or Latin. And this is likely to remain the case for quite a while – exceptions, as always, proving the rule.

Despite its dismal weather, Hamburg also boasts an excellent selection of outdoor attractions. One of the undisputed top venues in the town is "Café Engel" – not because of its cuisine, but because of its location. Perched above the ferry landing stage in Teufelsbrück, its terrace offers an outstanding panorama over the Elbe to the west, where the sun – on one of her good days – slowly descends into the river in a blaze of fiery red.

One of the standard meeting places along the banks of the Elbe is "Strandperle" in Övelgönne. Sitting there on the sand or enjoying one of the few seats on the terrace is traditionally prized by those who favour a slightly alternative lifestyle. But "Café Schöne Aussichten" – which translates literally as the good view café – at Planten un Blomen, "Fiedlers" at the Uhlenhorster Mühlenkamp jetty or

"Café Leinpfad" at Winterhude ferry jetty (with its discreetly chic clientele) also afford excellent opportunities for enjoying the infrequent Hamburg sun. This is also true of "Bobby Reich", where upper class Hamburg meets to delight in the view of the Outer Alster – without taking their eyes off their own yachts moored alongside.

The heart of the scene and the entertainment is not Eppendorf, as you might think, but St. Pauli, a district in the throes of great upheaval. Once the scene of only highly questionable "fleshpots", this area now offers both conventional and bizarre attractions which turn night-time into day. Some 400 bars, restaurants, music clubs and pubs jostle for space in the one-time red light district between Hans-Albers-Platz and Spielbudenplatz, between Silbersackstrasse and Grosse Freiheit. They are joined almost daily by new clubs, discotheques and bars, such as the "Ci'us", the "Tunnel", the "E-D-K" or the "Golden Pudel Club" which has all the charm of a damp cellar – the relentless inflation of the in-crowd watering places, where an end is gradually in sight.

This is also home to tradition: "Angie's Night Club" on Spielbudenplatz, for example, has long since been a classic amongst the underground clubs. Angie Stardust, the nightclub's heavyweight manageress with the entrancing soul voice, is also the heart and soul of the establishment. Another firmly entrenched member of the scene is Corny Littmann, whose two venues "Schmidt" and "Schmidts Tivoli" are both famous bastions of variety, comedy and cabaret.

Cabaret in any form is held in high regard in Hamburg. As well as the cabaret festival "culture factory", which will be organised by Hamburg's Kammertheater as from 1999, there is a whole series of other venues for high-grade humour (and not infrequently low comedy): "SchlapplacHHalde" in Rentzelstrasse, for instance, or the "Lustspielhaus" in Ludolfstrasse, "Mon Marthe" in Tarpenbekstrasse or the "Comedy Station" at the "Imperial Theater" on the Reeperbahn.

Competing with St. Pauli is no mean task for the city centre. However, where the last clerk to leave his office used to switch off the city lights at around 7 in the evening, a few bars now offer at least limited scope for diversion after work. Two of these nestle in the shade of Steigenberg Hotel on so-called Fleet island: "Marinehof", serving food which is as good as it is cheap, and "Rialto Bar", renowned for its sushi. Both are cosy havens amidst the glassy grandeur of Hanseatic malls and office blocks.

The architecture of an era gone by can be admired in "Eisenstein". Famed not only for its sophisticated pizza variations but, together with "Filmhauskneipe" and "Voltaire", a firmly established attraction in Altona's "Zeisehallen", where Hamburg's film scene has found a small but secure niche.

And the scene? It is left to its own devices, or has moved on once again. Just the way it always has done.

Volker Albers

Legendär ist der „Ball Paradox" mit Damenwahl: das Café Keese an der Reeperbahn.

The legendary "Ball Paradox" with ladies' choice: Café Keese on the Reeperbahn.

Le «Ball Paradox» avec choix de dames est légendaire : le Café Keese sur le Reeperbahn.

El legendario "Ball Paradox" con elección de señoras: el Café Keese en la Reeperbahn.

Kubanischer Son im Hamburger Stadtpark

Cuban son in Stadtpark

Le Son de Cuba en Stadtpark

Son cubano en el Stadtpark

L'endroit où les nuits sont longues : *la scène de Hambourg*

A Hambourg, la scène se fête elle-même, surtout lorsqu'elle a pris des années. «Scène 75» : telle était en 1995 la devise nostalgique sous laquelle se réunissaient toutes les personnes dans l'usine de Altona qui ont créé à cette époque le slogan «Hambourg 75 – mes amis, c'est agréable» : Gottfried Böttger, Lonzo, qui a obtenu une gloire douteuse en tant que «violoniste diabolique de Eppendorf», Leinemann et quelques autres personnes qui sont oubliées depuis longtemps. Un rassemblement émouvant de gens sur la fin de la quarantaine aux cheveux poivre et sel, un mythe correctement maquillé de cette «scène de Hambourg», qui est devenue rapidement l'événement efficace au niveau de la publicité, un caboulot sombre comme nucléus de ce cosmos chatoyant : «l'oncle Pö» sur le chemin en terre glaise de Eppendorf.

Fait qui n'intéresse plus personne. Vingt ans plus tard, tout est complètement différent, et n'existera plus. «L'oncle Pö» est mort depuis longtemps, à la place on trouve maintenant le «Légendaire», un bistrot correct – sans plus. Cependant, la musique des années 70 a aussi sa place dans les années 90 et est copiée avec zèle par les jeunes groupes.

De la bonne musique, il y en a à Hambourg en de nombreux endroits, mais sans garantie de toujours y rencontrer cette scène qui, si elle existe du reste, séjourne toujours quelque part à ce moment là. Enfin, la mobilité est la condition sine qua non des personnes qui veulent être du nombre : lorsque les groupes arrivent, qu'il s'agisse de touristes ou de curieux en provenance des quartiers périphériques et faubourgs non aimés de Hambourg, les disciples pressés de la nuit sont déjà de nouveau ailleurs. Les noms qui comptent encore aujourd'hui peuvent être traités dès demain comme des Persona non grata. La scène a une durée de vie courte.

Toujours est-il que la «Fabrik» et le «Mojo-Club», le «Birdland» et le «Logo», le «Grosse Freiheit 36», le «Markthalle» et le «Docks» avec son «Prinzenbar» sont toujours des adresses «à la mode» dans les domaines du pop, rock, jazz et musique latine modernes et classiques. Et cela restera ainsi encore un moment – des exceptions qui confirment la règle.

Hambourg, certes connue pour son temps froid et humide, a cependant quelque chose à offrir à l'extérieur. Au nombre des endroits incontestablement remarquables de la ville, on compte le «Café Engel», non pas pour sa cuisine, mais du fait de son emplacement : à une hauteur bien aérée, il trône au-dessus du point d'accostage des bacs à Teufelsbrück.

Au nombre des points de rencontre standards sur la plage de l'Elbe, on compte le «Strandperle» à Övelgönne : être assis à cet endroit dans le sable ou à l'une des rares places sur la terrasse a sa tradition tout à fait personnelle pour une scène avec une coloration légèrement différente. De même au «Café Schöne Aussichten» dans le parc Planten un Blomen, au «Fiedlers» sur le ponton Uhlenhorster Mühlenkamp ou au «Café Leinpfad» près du ponton pour les embarcations

Winterhuder Fährhaus (avec une clientèle discrète), on peut profiter du rare soleil de Hambourg. De même chez «Bobby Reich» : on rencontre ici le Hambourg supérieur qui vient profiter de la vue sur la Aussenalster (avec son propre voilier amarré le long toujours en vue).

Le coeur de la scène et du divertissement est non pas Eppendorf, mais St. Pauli. Un quartier en plein bouleversement : là où l'on se livrait autrefois uniquement à l'inspection suspecte de la viande de boucherie, on assiste depuis quelque temps aussi bien à des spectacles traditionnels qu'à des choses moins biens en faisant de la nuit le jour et du jour la nuit: les quelque 400 bars, restaurants, clubs de musique et bistrots se font concurrence dans le Kiez (quartier d'habitation des pêcheurs) entre la place Hans-Albers-Platz et la place avec les loteries foraines, entre la Silbersackstrasse et la Grosse Freiheit. Presque tous les jours, de nouveaux clubs, de nouvelles discothèques ou de nouveaux bars viennent s'y ajouter : la «Ci'us» par exemple ou le «Tunnel», la «E-D-K» ou le «Golden Pudel Club» avec son charme d'une voute de cave humide (une inflation du nombre des points de rencontre intérieurs dont la fin est lentement en vue).

Cependant, la tradition est également à la maison : «Angie's Night Club» sur la place des loteries foraines par exemple est depuis longtemps un classique parmi les clubs du Kiez (quartier d'habitation des pêcheurs). Angie Stardust, exploitante importante du divertissement, avec sa voix soul fascinante est l'âme de l'entreprise. Corny Littmann est un autre ancien. Ses deux maisons «Schmidt» et «Schmidts Tivoli» sont des bastions connus pour la variété, la comédie musicale et le cabaret. Par ailleurs, le cabaret bat son plein à Hambourg. Parallèlement au festival du cabaret sera organisé à partir de 1999 en par les «Kammerspiele» de Hambourg, il existe une série d'autres lieux d'humour supérieur (ou souvent également inférieur) : le «SchlapplacHHalde» dans la Rentzelstrasse par exemple, le «Lustspielhaus» dans la Ludolfstrasse, le «Mon Marthe» dans la Tarpenbekstrasse ou la «Comedy Station» au «Imperial Theater» sur le Reeperbahn.

Par rapport à St. Pauli, le centre-ville est dans une situation difficile. Cependant, là où autrefois le dernier employé présent éteignait la lumière au plus tard vers sept heures du soir, quelques rares bars font un peu de distraction après le travail. Deux d'entre eux se trouvent directement dans l'ombre de l'hôtel Steigenberger sur la Fleet-Insel : le «Marinehof» avec une cuisine aussi bonne qu'avantageuse et le «Rialto Bar» connu pour ses Sushi. Tous deux sont des refuges de bien-être au milieu de la magnificence en verre des passages et immeubles de bureaux de Hambourg.

Il n'y a pas d'architecture d'une époque révolue à visiter dans le «Eisenstein». Il est connu non seulement pour ses variations raffinées de pizza, mais par rapport au «Filmhauskneipe» et au «Voltaire», c'est un point d'escale établi dans les bâtiments de douane de Altona : là, le film a trouvé dans la ville hanséatique une patrie petite, mais distinguée.

Et la scène ؟ Elle reste abandonnée à son propre sort, ou bien elle est déjà repartie. Toujours de la façon comme elle procède toujours.

Volker Albers

Donde las noches son largas:
El ambiente de Hamburgo

En Hamburgo la vida nocturna se celebra a sí misma, especialmente si ya es madura. El nostálgico lema en verano de 1995 fue "Marcha 75", bajo el cual todos los que en el 75 acuñaron el slogan "Hamburgo 75, chicos, qué pasada" se reunieron el la "Fabrik" de Altona. Nos estamos refiriendo a Gottfried Böttger Lonzo, que alcanzó dudosa notoriedad como "el violinista del diablo de Eppendorf", Leinemann y muchos otros que han caído en el olvido. Una conmovedora concentración de carrozas de pelo entrecano, un mito bien presentado de la "vida nocturna de Hamburgo" de antaño que se convirtió en todo un evento de efecto publicitario, un sórdido lupanar como núcleo de este cosmos multicolor: el "Onkel Pö" en el Eppendorfer Lehmweg.

Ya es historia. Veinte años después todo es muy distinto - o quizás no tanto. El "Onkel Pö" desapareció hace tiempo, y el mismo lugar alberga actualmente "Legendär", una taberna pasable y nada más. Sin embargo el sonido de los años 70 sigue vivo en los 90 y es emulado por jóvenes bandas.

En Hamburgo puede escucharse buena música en muchos lugares, aunque no hay garantía de encontrar lo que se busca en un sitio determinado, ya que movilidad es la condición sine qua non de los que quieren ser actores de la vida nocturna: cuando las masas llegan, ya sean turistas o curiosos procedentes del extrarradio y suburbios poco pupulares de la ciudad los veloces discípulos de la noche ya se han desplazado. Los nombres de los que hoy cuentan, mañana ya pueden ser considerados persona non grata. Buscando siempre la tendencia, se acude allí donde el grupo de los que se consideran a sí mismos "in" suele reunirse, aunque no es una fórmula infalible. La vida nocturna cambia constantemente.

Sea como fuere: la "Fabrik" y el club "Mojo", "Birdland" y "Logo", "Grosse Freiheit 36", "Grünspan", "Markthalle", y el "Docks" con su "Prinzenbar" siguen siendo los locales punteros tanto en música actual, clásica, pop, rock como música latina en vivo. Y esto todavía va a durar, como siempre las excepciones confirman la regla.

Hamburgo, ciudad conocida por su tiempo lluvioso también tiene propuestas para realizar al aire libre. El "Cafe Engel" es indudablemente uno de los locales más destacados de la ciudad, no gracias a su repostería sino por su ubicación: desde las alturas ofrece una vista espléndida de los embarcaderos del puente Teufel, y desde la terraza el panorama se extiende por el Elba hacia el oeste, por donde el sol se pone, si es que antes se digna a salir.

Uno de los típicos puntos de encuentro en la playa del Elba es el "Strandperle" en Övelgönne: sentarse allí en la arena o en una de las pocas sillas de la terraza es toda una tradición, para todo tipo de gente un poco diferente (intelectuales, hippies, diseñadores, vanguardistas, artistas etc.). A esta tradición también pertenecen los buques contenedores que pasan por

delante, los niños y los perros que llevan los clientes. Asimismo en el "Cafe Schöne Aussichten" en el parque Planten und Blomen, en "Fiedlers" en el embarcadero Mühlenkamp en Uhlenhorst o en el "Cafe Leinpfad" en el embarcadero de barcas Winterhuder Fährhaus (con una distinguida clientela) puede disfrutarse del poco habitual sol de Hamburgo. También en "Bobby Reich": aquí se reúne la crème de la crème para disfrutar de la vista sobre el Alster exterior, sin perder nunca de vista su propio velero amarrado.

Pero el corazón de la vida nocturna y de la diversión no es Eppendorf sino San Pauli, un barrio en transformación; donde antes todo era el obscuro comercio de la carne, desde algún tiempo locales convencionales y no tan convencionales convierten la noche en día - aproximadamente 400 bares, restaurantes, clubs y tabernas se hacen la competencia en el Kiez entre la Hans-Albers-Platz y la Spielbudenplatz, entre la Silbersackrstrae y la Grosse Freiheit. Casi a diario se añaden nuevos clubs, discotecas o bares: por ejemplo "Ci'us" o "Tunnel", la "E-D-K" o el "Golden Pudel Club" con el encanto de una húmeda cueva - un aumento de los teatros de diversión de moda cuyo fin se aproxima lentamente.

Pero también hay espacio para la tradición, por ejemplo "Angie's Night Club" situado en la Spielbudenplatz es un clásico entre los clubs de Kiez. La corpulenta Angie Stardust con su sensacional voz de soul es el alma del local, entre cuya clientela siempre se cuenta algún que otro nombre prominente. Otro veterano es Corny Littmann cuyos dos teatros "Schmidt" y "Schmidt Tivoli" son conocidos bastiones del varieté, la comedia y el cabaret.

El cabaret está de moda en Hamburgo. Además del festival del cabaret que se celebra en los terrenos de la Kulturfabrik en Kampnagel y que a partir de 1999 será coproducido con los Kammerspiele de Hamburgo, hay toda una serie de lugares dedicados al humor de altura (y frecuentemente también al más bajo): el "SchlapplacHHalde" en la Rentzelstrasse por ejemplo, el "Lustspielhaus" en la Ludolfstrasse, "Mon Marthe" en la Tarpenbekstrasse o el "Comedy Station" en el "Imperial Theater" situado en la Reeperbahn.

La city lo tiene difícil para competir con San Pauli, pero de todos modos, donde antes como muy tarde a las siete de la tarde los empleados rezagados apagaban la luz, actualmente unos pocos bares ofrecen entretenimiento tras la jornada laboral. Dos de estos locales se encuentran justo detrás del hotel Steigenberger en la Fleet-Insel: el "Marinehof" que ofrece una carta tan suculenta como módica y el "Rialto Bar" famoso por su sushi. Ambos son lugares para sentirse a gusto en medio del esplendor de vidrio de pasajes y edificios de oficinas.

En "Eisenstein" se puede visitar la arquitectura de una época pasada; este local no es sólo famoso por sus refinadas pizzas, sino que junto a la "Filmhauskneipe" y "Voltaire" es lugar de reunión en las Zeisehallen de Altona, donde el cine ha encontrado su pequeña pero delicada patria en Hamburgo.

¿Y el ambiente nocturno? Sigue en el mismo lugar o quizás ya se ha desplazado, tal como hace siempre.

Volker Albers

Seit Jahren im Trend: G-Move und andere Massenumzüge mitten durch die Stadt.

Trendy for some years already: G-move and other mass parades right through the town.

En tendance depuis quelques ans : G-move et autres parades tout au travers la cité.

Un hit desde hace unos años: el G-move y otras paradas de multitudes por la ciudad.

Alte Fabrikgebäude wurden in Hamburg mehrfach mit Erfolg für kulturelle Zwecke umgebaut: links die Zeisehallen und rechts die ebenfalls in Altona gelegene „Fabrik".

Many old factory buildings in Hamburg have successfully been converted into cultural venues: Zeise Halls (left) and "Fabrik" (right), also in Altona.

A Hambourg, les anciens bâtiments de l'usine ont été transformés à plusieurs reprises avec succès à des fins culturelles : à gauche les Zeisehallen et à droite «l'usine» située également à Altona.

Muchas fábricas viejas en Hamburgo se reformaron con éxito para servir a fines culturales: izquierda las Zeishallen y derecha la "Fabrik", ambas en Altona.

*K*leinkunsttheater, Kneipe, Varieté – und
Hamburger Institution: das „Schmidt" am
Spielbudenplatz. Die „Große Freiheit"
zehrt noch immer vom Ruhm vergangener
Tage.

*C*abaret, pub, variety theatre – and
Hamburg institution: "Schmidt" at
Spielbudenplatz. "Grosse Freiheit" still
lives off the traces of its famous past.

*C*abaret, bistro, variété – et une
institution de Hambourg : le «Schmidt»
sur la place avec des loteries foraines.
La «Grosse Freiheit» vit toujours sur
la gloire de jours passés.

*P*equeño teatro, taberna, local de varieté
- y una institución en Hamburgo:
el "Schmidt" en la Spielbudenplatz.
El "Growe Freiheit" se sigue alimentando
de la gloria de tiempos pasados.

*Früher ein Krematorium, heute ein nobles Restaurant: das "Alsterpalais" an der Alsterdorfer Straße.
Kultur und Kommerz finden in der Markthalle am Klosterwall statt.*

*What used to be a crematorium is now a sophisticated restaurant: the Alsterpalais in Alsterdorfer Street.
The Market Hall on Klosterwall is a place both for commerce and culture.*

*Autrefois, un crématorium, aujourd'hui un restaurant de luxe: L'«Alsterpalais» dans la Alsterdorfer Strasse.
De la culture au lieu du commerce, il y en a également dans le Markthalle (marché couvert) sur le Klosterwall.*

*Antiguamente un crematorio y hoy un restaurante de lujo: el "Alsterpalais" en la calle Alsterdorfer Straße.
Cultura y comercio se encuentran también en la Markthalle en Klosterwall.*

*D*er Kino-Boom der letzten Jahre bescherte Hamburg eine ganze Reihe von Multiplex-Filmtheatern. Das Cinemaxx am Dammtor-Bahnhof gehört zu den architektonisch markantesten Beispielen. Ein beliebter Treffpunkt ist das Café Fiedler auf der Uhlenhorst (unten). Unverwechselbar ist die Fassade des „Grünspan" (kleines Foto).

*T*he cinema revival of the last few years gave Hamburg several multiplex film theatres. The Cinemaxx by the Dammtor railway station is one of the most architecturally striking examples of these. Café Fiedler in Uhlenhorst is a popular meeting place (bottom). The facade of «Grünspan» (small photo) is unmistakable.

L'essor et la popularité du cinéma des dernières années ont provoqué l'ouverture de nombreuses salles dites «multiplex». Le «Cinemaxx» situé face à la Gare de Dammtor, constitue un exemple architectural typique de notre fin de siècle. Le Café Fiedler à Uhlenhorst est un point de rendez-vous aimé (en bas). La façade du "Grünspan" (petite photo) ne peut pas prêter à confusion.

*E*l "boom" del cine en los últimos años ha traído a Hamburgo muchos cines multiplex: El Cinemaxx cerca de la estación Dammtor es uno de los más destacados ejemplos de la arquitectura de cinemas. Un popular punto de reunión es el café Fiedler en Uhlenhorst. Inconfundible fachada del "Grünspan" (foto pequeña).

Nicht nur zu Lesungen, auch
zu kulinarischen Genüssen lädt das
Literaturhaus ein, dessen großer Saal in
der Pracht vergangener Tage erstrahlt.
Entspannung findet man an einem
der Alsteranleger.

"**L**iterature House" invites you not
only to lectures, but to enjoy a culinary
treat. The large lecture hall glitters
in the pomp of days gone by. Visitors
can relax on one of the Alster jetties.

La Maison de la littérature, dont la
grande salle rayonne de la magnificence
des jours passées, invite non seulement à
des lectures, mais également à des plaisirs
culinaires. La détente, on la trouve sur
l'un des appontements de l'Alster.

La Casa de la Literatura, cuya gran
sala refleja el esplendor del pasado, no
ofrece sólo lecturas, sino también placeres
culinarios. En uno de los embarcaderos
del Alster puede encontrarse reposo.

Was gefeiert wird:
Vergnügen zwischen Alster und Hafen

Ein Platz mit italienischem Flair: der neu gestaltete Innenhof des Hamburger Rathauses.

A place of Italian flair: the re-designed inner courtyard of Hamburg town hall.

Un endroit à connotation italienne : la cour intérieure de la Mairie de Hambourg, récemment réaménagée.

Una plaza con ambiente italiano: el renovado patio interior del ayuntamiento de Hamburgo.

Spröde seien sie und steif, die Hanseaten, so wurde es in der Vergangenheit oft überliefert. Daß die Hamburger dennoch glanzvoll zu feiern verstanden, zeigt die Historie: Mit einem großartigen Feuerwerk auf der Binnenalster begrüßten sie am 24. April 1742 Kaiser Karl VII. und seine Frau Maria Amalia. Auch die Krönung von Kaiser Franz Stephan und seiner Frau Maria Theresia am 15. Dezember 1745 wird ähnlich beschrieben: ein Feuerwerk in drei Abschnitten, die mit jeweils sieben Böllerschüssen und kriegerischer Musik eröffnet werden. Den Höhepunkt bildeten damals die in wechselnden Farben an den Himmel projizierten Namenszüge beider Majestäten und ein riesiger Reichsadler, bevor der Feuerzauber verlosch. Am 1. September 1868 gestaltete der Architekt Martin Haller anläßlich der 15. Versammlung Deutscher Architekten zu Ehren der Gäste eine künstliche Insel mit kleinen Pavillons auf der Binnenalster. Knapp drei Wochen später, als König Wilhelm I. von Preußen eintrifft, wird die Insel in eine Miniaturausgabe des königlichen Schlosses Babelsberg verwandelt – wiederum schloß die Veranstaltung mit einem prächtigen Feuerwerk. 27 Jahre später, am 21. Juni 1895, ruderten die Hamburger im Glanz von Lichterketten in sogenannten Spielschuten über das Wasser, Scheinwerfer erhellten den nächtlichen Himmel. Anlaß des Freudenfestes war die Einweihung des Nord-Ostsee-Kanals. Eigens zu diesem Tag errichteten die Hanseaten eine 6 000 Quadratmeter große Plattform, darauf einen 23 Meter hohen Leuchtturm. Auf dem Ponton gab der Senat einen Empfang für Kaiser Wilhelm II., bis zu 200 000 Schaulustige sollen sich damals zu Festen rund um die Alster versammelt haben.

Die Alster und ihre Ufer sind Schauplatz für die Feierlust der Hamburger und ihrer Gäste geblieben: Seit 1977 heißt es im Spätsommer „Auf zum Alstervergnügen". Von Donnerstag bis Sonntag drängen sich Bühnen, Buden und Menschen rund um die Binnenalster. Eine Mischung aus Musik, Kleinkunst, Theater und Kommerz beherrscht an diesen vier Tagen die Szene, die wasserseitigen Fahrbahnen von Jungfernstieg, Ballindamm und Neuem Jungfernstieg sind gesperrt, der Verkehrsverbund gibt über Funk und Zeitungen die besten Verkehrsverbindungen durch. Das Festprogramm klingt jedesmal beeindruckend: Rund 300 Schausteller locken in ihren Buden das Publikum mit Bratwurst, Süßigkeiten, Schmuck und Kleidung. Auf bis zu 20 Bühnen wird Musik, Show, Kabarett, Pantomime und Performance geboten. Am Neuen Jungfernstieg trifft sich die Rock-Szene Hamburgs, ein Wasserski-Team zeigt Akrobatik, und Fallschirmspringer fallen zielgerecht vom Himmel auf einen Ponton auf der Kleinen Alster. Hunderte Läuferinnen und Läufer aus vielen

Nationen treffen sich zum Internationalen Lauf rund um die Außenalster. Tradition hat auch das Fackelschwimmen von Tauchern und Kanuten am Sonnabend unter der Lombardsbrücke hindurch. Zum Ausklang am Sonntagabend gibt es jedesmal ein Feuerwerk, doch der Superlativ kam 1994 dazu. In diesem Jahr hieß es erstmals „Feuer frei" für drei Nationen. Das Internationale Feuerwerk-Festival war geboren. Italien, Deutschland und China zeigten an drei Abenden zu den Klängen von Popmusik und Klassik die Kreativität und Phantasie ihrer Pyrotechniker. Bis zu zwei Millionen Gäste werden jedes Jahr zum Alstervergnügen erwartet.

Die Ufer der Alster sind nicht die einzige Wasserkante der Hansestadt. Noch größer und aufwendiger wird, jeweils vom 5. bis zum 8. Mai, der Geburtstag des Hamburger Hafens begangen. Hamburgs Tor zur Welt ist eigentlich mehr als 1 000 Jahre alt – seine Ursprünge reichen bis in die Zeit der ersten Siedlungen am Fuße der Hammaburg zurück. Doch um einen Geburtstag zu feiern, bedarf es eines festen Datums. Also wählte man den 7. Mai 1189, den Tag, als Kaiser Friedrich I. Barbarossa der Stadt mit dem „Hafen-Privileg" das Recht, „Menschen und Waren vom Meer bis zur Stadt ohne Zoll und Abgaben zu bringen", verlieh. Zum 800. Hafengeburtstag verfolgten 2,6 Millionen Menschen von den Ufern aus die Auslaufparade von 215 Segelschiffen aus aller Welt, darunter zahlreiche historische Windjammer, die zum Treffen „Sail 89" nach Hamburg gekommen waren. Alljährlich amüsieren sich seitdem Hunderttausende, manchmal sogar bei strahlendem Sonnenschein, und genießen den Trubel: die 1,8 Kilometer lange Budenmeile am Hafenrand, Paraden historischer und moderner Schiffe, Schlepper-Ballett, Drachenboot-Rennen und Schmuggler-Krimi.

Nicht ganz so alt wie Hamburgs Hafen ist der Hamburger Dom oder besser gesagt das, was die Hanseaten heute noch darunter verstehen: das größte Volksfest des Nordens, dreimal im Jahr auf dem Heiligengeistfeld gefeiert. Der Ursprung dieses Jahrmarkts liegt im Mariendom, der bis 1806 am Speersort neben dem heutigen Pressehaus stand. Er diente im 13. und 14. Jahrhundert fliegenden Händlern in der Vorweihnachtszeit als Unterschlupf bei schlechtem Wetter. Diesen Brauch konnte auch 1329 der Bremer Erzbischof Burchard von Grelle nicht brechen. Der kirchliche Jahrmarkt entwickelte sich über die Jahrhunderte, breitete sich auf die Plätze dieser Stadt aus und wurde 1893, nachdem in Hamburg die Cholera ausgebrochen war, auf das Heiligengeistfeld vor den Toren der Stadt verbannt. Dort bauen die Schausteller seitdem ihre Buden und Karussells auf – im Frühjahr, Sommer und im November. 290 Fahrgeschäfte, Stände und Buden haben Platz auf der 1 800 Meter langen Meile zwischen Feldstraße und Millerntor, zusammen rund zehn Millionen Besucher aus Hamburg und dem Umland kommen jedes Jahr und lassen im Schnitt 100 Millionen Mark in der Stadt. Der Hamburger Dom hat nicht nur eine lange Tradition, er ist wie Alster und Hafen auch unverzichtbarer Werbefaktor für die Stadt geworden: Seit 1989 kommt im Sommer jeder zweite Besucher von außerhalb, im Winter immer noch jeder dritte.

Elisabeth Stimming

Celebrations:
Fun between Alster and Docks

Stolid and aloof, the Hanseatic people are said to be. But we know that in the past they were able to celebrate with pomp and circumstance: on 24th April 1742, they welcomed Emperor Karl VII. and his wife Amalia with a spectacular display of fireworks on the Inner Alster. The coronation of Emperor Franz Stephan and his spouse Maria Theresia on 15th December 1745 is described in similar terms: fireworks in three acts, each of which opens with a seven-gun salute and military music. On that occasion, the climax was when the names of their two imperial majesties and a gigantic imperial eagle were projected into the sky in changing colours, before the magnificent display faded. On 1st September 1868, the architect Martin Haller designed an artificial island with small pavilions on the Inner Alster in honour of the guests attending the 15th Assembly of German Architects. Just three weeks later, that same island was transformed into a miniature edition of the royal palace of Babelsberg, to mark the arrival of King Wilhelm I. of Prussia. Again, the event closed with a splendid fireworks display. 27 years later, on 21st June 1895, the people of Hamburg rowed over the water in so-called toy barges, under a floodlit night sky. The reason for this joyful celebration was the opening of the Kiel Canal. A 6,000 square metre platform was erected specially for that occasion and topped by a lighthouse 23 metres high. This served as a pontoon, on which the Senate gave a reception for Emperor Wilhelm II. Up to 200,000 spectators are said to have gathered all around the Alster to celebrate the occasion.

Today, the Alster and its shores still provide the venue for the Hamburgers' love of celebrations: since 1977, Hamburg has summoned locals and visitors to the city to join in the late summer "Alster Fun Festival". From Thursday to Sunday, stages, booths and people crowd around the Inner Alster. A mixture of music, cabaret, theatre and commerce dominates the scene on those four days. The festival programme is unfailingly impressive: some 300 fairground attractions entice the public to their booths with sausages or sweets, jewellery and fashions. Up to 20 stages offer a choice of music, shows, cabaret, mime and performance. Neuer Jungfernstieg is the rendezvous for Hamburg's rock scene, a team of water-skiers demonstrates acrobatics, parachutists drop out of the sky to land exactly as planned on a pontoon on the Inner Alster. Hundreds of runners from a wealth of nations meet for the international race around the Outer Alster. Another traditional event is the torchlight swim by divers and canoeists underneath Lombard Bridge on that Saturday. This festival always closes with a fireworks display on the Sunday evening, but the superlative touch was introduced in 1994. That was the first time the "Fire away"

sounded for three nations – and gave birth to the International Fireworks Festival. To the strains of pop and classical music, Italy, Germany and China demonstrated the creativity and inventiveness of their pyrotechnic experts. The "Alster Fun Festival" attracts up to two million guests every year.

The shores of the Alster are not the only waterfront in the Hanseatic city. From 5th to 8th May, the anniversary of Hamburg harbour is celebrated in even grander style. Hamburg's gateway to the world is actually more than 1,000 years old. Its origins date back to the days of the first settlements at the foot of the "Hammaburg". But to celebrate a birthday, one needs a definite date. So the 7th May 1189 was chosen, the date on which Kaiser Friedrich I, nicknamed Barbarossa, granted the city the "harbour privilege", in other words the right to "bear people and goods from the sea to the city without customs or duties". On the harbour's 800th anniversary, 2.6 million people lined the banks to admire the parade as 215 sailing ships from all over the world left port, including many historic tall ships which had come to Hamburg for "Sail 89". Year in, year out, hundreds of thousands come to enjoy the hustle and bustle – sometimes even in brilliant sunshine – when the 1.8 kilometre long trail of booths lines the harbour, to watch the parades of vintage and modern ships, enjoy the tugboat ballet, dragonboat race and smugglers' mystery play.

Not quite as old as Hamburg's harbour is the Hamburger Dom, or rather what the Hamburg people now mean by that: the greatest funfair in the North, held at Heiligengeistfeld three times a year. This fair has its origins in St. Mary's Cathedral, the "Mariendom" which stood alongside the present press building at Speersort until 1886. In the 13th and 14th centuries, it provided refuge in poor weather for travelling hawkers in the pre-Christmas season. Nor was Bremen Archbishop Burchard von Grelle able to break this custom in 1329. The ecclesiastical fair developed over the centuries, spreading over the city squares. In 1893, when there was an outbreak of cholera in Hamburg, it was banned to the Heiligengeistfeld outside the city gates. Ever since that date, showmen have set up their booths and carousels there in spring, summer and in November. 290 roundabouts and rollercoasters, stands and booths converge on this 1,800 metre long course between Feldstrasse and Millerntor. Every year the fair is attended by some ten million visitors from Hamburg and the surrounding area, who spend an average of 100 million marks in the city. Hamburg's funfair not only has a long tradition, like the Alster and the docks, it is an essential publicity attraction for the city: since 1989 every other visitor in summer comes from outside the city, in winter every third.

Elisabeth Stimming

Stolze Windjammer gehören so selbstverständlich zum Hafengeburtstag wie der Michel zu Hamburg.

The harbour's anniversary would be as unthinkable without proud sailing ships as Hamburg without its "Michel".

De fiers et grands voiliers font partie évidemment de la date anniversaire du port de même que la tour Michel à Hambourg.

Los altivos veleros son parte esencial del aniversario del puerto, tal como el San Miguel lo es de Hamburgo.

Das stattliche Rathaus von Altona wurde 1896–98 auf einem früheren Bahnhofs-gelände errichtet.

Altona's splendid town hall was built from 1896–98 on former railway grounds.

Le majestueux hôtel de ville de Altona a été construit de 1896 à 1898 sur le terrain d'une ancienne gare.

El majestuoso ayuntamiento de Altona fue erigido 1896–98 sobre los terrenos de una antigua estación de ferrocarril.

Les fêtes: divertissements entre l'Alster et le port

Ils sont revêches et guindés, les «hanséates», c'est ce qu'on rapportait souvent traditionnellement dans le passé. L'histoire montre que les Hambourgeois savaient malgré tout faire la fête avec éclat : le 24 avril 1742, ils saluèrent l'arrivée de l'empereur Karl VII et son épouse Maria Amalia en tirant un feu d'artifice grandiose sur la Binnenalster. De même le couronnement de l'empereur Franz Stefan et de son épouse Maria Theresia à la date du 15 décembre 1745 est décrit de la même façon : un feu d'artifice en trois tranches qui sont ouvertes chacune par sept coups de canon et de la musique guerrière. Le clou du spectacle était constitué par les paraphes des deux majestés projetés sur le ciel dans des couleurs changeantes et un gigantesque aigle impérial avant que l'enchantement de la pyrotechnie ne s'éteigne. Le 1er septembre 1868, l'architecte Martin Haller réalisa à l'occasion de la 15è Assemblée des architectes allemands, en l'honneur des invités, un îlot artificiel avec des petits pavillons sur la Binnenalster. A peine trois semaines plus tard, lorsqu'arrive le roi Guillaume 1er de Prusse, l'îlot est transformé en une édition miniature du château royal de Babelsberg : la manifestation se termina à son tour par un magnifique feu d'artifice; 27 ans plus tard, le 21 juin 1895, les Hambourgeois ramèrent dans l'éclat des chaînes de lumières dans des «gabares pour jeux» au-dessus de l'eau, des projecteurs ont éclairé le ciel nocturne. La raison de la fête était l'inauguration du canal nord-Baltique. Spécialement pour cette journée, les hanséates dressèrent une plate-forme de 6000 mètres carrés avec dessus un phare haut de 23 mètres. Sur le ponton, le Sénat donna une réception pour l'empereur Guillaume II, et jusqu'à 200.000 curieux se seraient rassemblés à cette époque tout autour de l'Alster pour les festivités.

L'Alster et ses rives sont restés la scène pour l'envie de fêter des Hambourgeois et de leurs invités. Depuis 1977, on dit à la fin de l'été «en route pour la fête de l'Alster». Du jeudi au dimanche, les estrades, les baraques et les gens se bousculent autour de la Binnenalster. Un mélange de musique, de cabaret, de théâtre et de commerce domine la scène pendant ces quatre jours. Le programme des festivités est impressionnant à chaque fois : environ 300 forains attirent le public dans leurs boutiques avec des saucisses grillées, des sucreries, des bijoux et des vêtements. Sur plus de 20 estrades, on propose de la musique, du show, du cabaret, du pantomime et des manifestations artistiques. Sur la nouvelle artère «Neue Jungfernstieg» se réunit la scène du rock, une équipe de ski nautique fait de l'acrobatie et des parachutistes atterrissent avec précision sur un ponton situé sur la Kleine Alster. Des centaines de coureurs (hommes et femmes) venant de nombreuses nations se retrouvent pour la course internationale tout autour de la Aussenalster. La tradition a conservé la traversée des plongeurs et des canoës avec les flambeaux

sous le pont Lombardsbrücke. Pour la fin, le dimanche soir, il y a un tir d'artifice à chaque fois, mais le superlatif n'est venu en plus qu'à la fin de l'année 1994. Cette année, on a dit pour la première fois «feu à volonté» pour trois nations. Le festival international du feu d'artifice était né. L'Italie, l'Allemagne et la Chine ont montré en trois soirées, aux sons de la pop-musique et de la musique classique, la créativité et l'imagination de leurs pyrotechniciens. Jusqu'à deux millions de personnes sont attendues chaque année pour la fête de l'Alster.

Les rives de l'Alster ne sont pas la seule côte de la ville hanséatique – la date anniversaire du port de Hambourg, qui a lieu du 5 au 8 mai chaque année, est fêtée de façon encore plus fastueuse et plus coûteuse. Hambourg, la porte du monde, a plus de 1000 ans à vrai dire : ses origines remontent à l'époque des premières colonies au pied de la Hammaburg. Cependant, il faut une date fixe pour célébrer une date anniversaire. On a donc choisi le 7 mai 1189, le jour où l'empereur Frédéric 1er «Barberousse» a donné à la ville, avec le «privilège de port», le droit «d'amener et d'apporter des gens et des marchandises de la mer à la ville sans frais de douane ni de taxes». Pour le 800è anniversaire du port, 2,6 millions de personnes ont suivi depuis les rives la parade de partance de 215 voiliers en provenance du monde entier, dont de nombreux grands voiliers historiques qui étaient venus à Hambourg pour le rendez-vous «Sail 89». Tous les ans, des centaines de milliers de personnes s'amusent maintenant, parfois même sous un soleil radieux, et profitent de l'animation – la file de baraques longue de 1,8 kilomètre en bordure du port, des parades de bateaux historiques et de bateaux modernes, un ballet de remorqueurs, une course de drakkars et une mise en scène avec des contrebandiers.

Le Hamburger Dom (cathédrale de Hambourg), ou mieux ce que les hanséates entendent aujourd'hui par là, n'est pas aussi ancien que le port : la plus grande fête populaire du nord, fêtée trois fois dans l'année sur le Heiligengeistfeld. L'origine de cette foire se trouve dans le Marien-Dom (cathédrale Sainte Marie), qui se trouvait jusqu'en 1806 sur le Speersort près de l'ancienne Maison de la presse. Aux 13è et 14è siècles, il servait de refuge aux marchands ambulants en cas de mauvais temps au cours de la période précédant Noël. Cette coutume, l'archevêque de Brême Burchard von Grelle n'a pas pu l'arrêter en 1329. La foire ecclésiastique s'est développée au cours des siècles, s'est étendue aux places de cette ville et a été exilée sur le Heiligengeistfeld devant les portes de la ville en 1893 après que le choléra ait éclaté à Hambourg. A cet endroit, les forains installent depuis leurs baraques et leurs manèges, au printemps, en été et en novembre. 290 magasins ambulants, stands et baraques prennent place sur la rangée longue de 1800 mètres entre la rue Feldstrasse et la porte Millerntor, environ dix millions de touristes de Hambourg et des environs viennent ici chaque année et dépensent 100 millions de DM en ville. Le Hamburger Dom a non seulement une longue tradition, il est devenu également comme l'Alster et le port un facteur de publicité indispensable pour la ville : depuis 1989, un touriste sur deux vient de l'extérieur en été, et encore un sur trois en hiver.

Elisabeth Stimming

Las fiestas:
diversión entre el Alster y el puerto

En el pasado se decía con frecuencia que los habitantes de Hamburgo eran fríos y severos. No obstante la historia demuestra que los hamburgueses también sabían divertirse: el 24 de abril de 1742 dieron la bienvenida al emperador Carlos VII y a su esposa María Amalia con un espléndido castillo de fuegos artificiales en el Alster interior. Asimismo la coronación del emperador Francisco Esteban y de su esposa María Teresa el día 15 de diciembre de 1745 se describe de manera similar: un castillo de fuegos artificiales en tres partes, cada una de ella iniciadas con siete tiros de mortero y música militar. En aquella ocasión se alcanzó el punto álgido con la proyección en el cielo de los nombres de sus majestades y de una enorme águila imperial en colores cambiantes. El 1 de septiembre de 1868 el arquitecto Martin Haller con ocasión de la 15ª reunión de arquitectos alemanes, diseñó para agasajar a los invitados una isla artificial con pequeños pabellones en el Alster interior. Tan sólo tres semanas más tarde, cuando llegó el emperador Guillermo I de Prusia, la isla se transformó en un réplica en miniatura del palacio real de Babelsberg y nuevamente las celebraciones concluyeron con un magnífico castillo de fuegos artificiales. 27 años después, el 21 de junio de 1895 los hamburgueses navegaron alumbrados por hilos de luces en llamadas gabarras de recreo, con el cielo nocturno iluminado por focos. El motivo de la celebración fue la inauguración del canal del mar del Norte-mar Báltico. Especialmente para este día los hamburgueses levantaron una plataforma de 6.000 metros cuadrados y encima de ella un faro de 23 metros de altura. Sobre el pontón, el senado de la ciudad dio la bienvenida al emperador Guillermo II y se dice que se concentraron hasta 200.000 espectadores junto el Alster.

El Alster y sus orillas siguen siendo el escenario de las fiestas de los hamburgueses: desde 1977 a finales de verano se celebra la fiesta del Alster. De jueves a domingo se concentran junto al Alster escenarios, chiringuitos y personas. Una mezcla de música, arte, teatro y comercio domina la escena durante estos cuatro días. Se cortan las calzadas junto al agua de la Jungferstieg, Ballindamm y Neuer Jungferstieg, las autoridades de tráfico informan por radio y en los periódicos de las mejores vías. El programa de la fiesta es siempre impresionante: unas 300 paradas ofrecen al público salchichas, dulces, adornos y ropa. Sobre 20 escenarios se ofrece música, show, cabaret, pantomima y teatro. En la Neuer Jungfernstieg se reúnen los rockers de Hamburgo, un equipo de esquí acuático hace acrobacias y paracaidistas se lanzan desde el cielo y aterrizan en un estrecho pontón sobre el pequeño Alster. Cientos de atletas procedentes de muchos países compiten en la tradicional carrera alrededor del Alster. También es tradicional la natación con antorchas de los submarinistas y canoas que se celebra el sábado bajo el puente Lombard. Como colofón,

el domingo por la noche siempre hay fuegos artificiales. El punto culminante se alcanzó en 1994 cuando se celebró un festival internacional de fuegos artificiales en el que durante tres noches Italia, China y Alemania mostraron al son de música clásica y pop la creatividad y fantasía de sus pirotécnicos. Cada año 2 millones de personas participan en la fiesta del Alster.

Las orillas del Alster no es el único litoral de la ciudad hanseática - el aniversario del puerto de Hamburgo del 5 al 8 de mayo todavía es más impresionante. La puerta de la ciudad al mundo tiene una historia de más de 1.000 años y sus orígenes se remontan a los tiempos de los primeros asentamientos a los pies del Hammaburg. Pero para celebrar un aniversario hay que escoger una fecha concreta, por lo tanto se eligió el día 7 de mayo de 1189, el día en el que el emperador Federico I "Barbarossa" mediante el "privilegio portuario" concedió a la ciudad el derecho de "transportar personas y mercancías desde el mar hasta la ciudad sin pagar aranceles ni tributos". En el 800 aniversario del puerto 2,6 millones de espectadores siguieron desde las orillas la salida en formación de 215 navíos de todo el mundo, entre ellos numerosos veleros históricos, que se concentraron en Hamburgo para el "Sail 89". Desde entonces, cada año cientos de miles de personas se divierten y disfrutan, con un poco de suerte con tiempo soleado, del alboroto de las paradas que se extienden en 1,8 km. a lo largo del puerto, de los desfiles de barcos antiguos y modernos, de la coreografía de los remolcadores, de carreras de botes de dragones y de historias de contrabandistas.

La feria del Dom de Hamburgo, o mejor dicho, lo que los hamburgueses entienden por ello, no es tan antiguo como el puerto. Se trata de la mayor fiesta popular del norte de Alemania que se celebra tres veces al año en un terreno conocido como Heiligengeistfeld. Los orígenes de este mercado anual hay que buscarlos en la catedral de María que hasta 1806 se levantaba en Speersort, junto al actual edificio de la prensa. En los siglos XIII y XIV se utilizaba para proporcionar refugio durante el mal tiempo a los vendedores ambulantes antes de Navidad. Ni siquiera el arzobispo de Bremen Buchard von Grelle, que intentó terminar con esta costumbre en 1329, pudo conseguirlo. Con el paso de los siglos el mercado anual de la iglesia fue evolucionando, extendiéndose a las plazas de la ciudad y en 1893, tras el estallido del cólera, tuvo que celebrarse en el Heiligengesitfeld, ante las puertas de la ciudad. Desde entonces los feriantes levantan allí sus paradas y atracciones en primavera, verano y en noviembre. 290 negocios ambulantes, paradas y chiringuitos se montan en los 1.800 metros entre la Feldstrae y la Millerntor, que atraen un total de diez millones de visitantes de Hamburgo y de los alrededores que cada año dejan en la ciudad por término medio 100 millones de marcos. El Dom de Hamburgo no sólo tiene una larga tradición, sino que como el Alster y el puerto es un factor promocional de primer orden para la ciudad: desde 1989 en verano dos de cada tres visitantes vienen de fuera, en invierno es uno de cada tres.

Elisabeth Stimming

Jeden Sonntag ein Fest für Nachtschwärmer und Frühaufsteher: der Fischmarkt.

Every Sunday, the fish market is a veritable feast for night-owls and early risers.

Chaque dimanche une fête pour les noctambules et les lève-tôt : le marché aux poissons.

Cada domingo una fiesta para los trasnochadores y para los madrugadores: el mercado de pescado.

*R*iesenrad und Loopingbahn gehören zu den rasanten Vergnügungen auf dem Hamburger Dom.

*B*ig Wheel and rollercoaster offer fast and furious fun at Hamburg's funfair.

*L*a grande roue et le grand huit font partie des divertissements qui font grosse impression lors du Hamburger Dom.

*L*a gran rueda y el looping son algunas de las atracciones vertiginosas del Dom de Hamburgo.

*D*as altertümliche Kettenkarussell dreht
sich schon seit Jahrzehnten auf dem Dom,
der dreimal im Jahr auf dem Heiligengeistfeld stattfindet.

*T*hese old-fashioned chairoplanes
have been turning for decades at the
funfair, held at Heiligengeistfeld three
times a year.

L'archaïque manège à sièges suspendus
par des chaînes tourne déjà depuis des
décennies pour le «Dom», qui a lieu trois
fois dans l'année sur le Heiligengeistfeld.

*E*l típico carrusel da vueltas desde hace
siglos en el Dom, que se celebra anualmente tres veces en el Heiligengeistfeld.

*F*ans mit kaum zu zügelndem
Temperament: Die Hamburger
Traditionsmannschaften HSV und
FC St. Pauli werden von ihren
Anhängern gefeiert.

*F*ans whose enthusiasm knows
no bounds: cheering on the traditional
Hamburg football teams HSV and
FC St. Pauli.

*D*es fans avec un tempérament difficile
à maîtriser: l'équipes traditionnelles
de Football de Hambourg HSV et
FC St. Pauli sont fêtées par ses partisans.

*F*ans con un entusiasmo incontenible:
los tradicionales equipos HSV y San
Pauli son festejados por sus seguidores.

*I*m Dezember erstrahlt die Binnenalster im weihnachtlichen Glanz. In der Osternacht brennen am Elbufer von Blankenese die Feuer.

*I*n December the Inner Alster is radiant in Christmas cheer. At Easter, bonfires blaze along the banks of the Elbe at Blankenese.

*E*n décembre, la Binnenalster resplendit dans l'éclat de Noël. Dans la nuit de Pâques, les feux brûlent sur la rive de l'Elbe à Blankenese.

*E*n diciembre el Alster interior reluce por Navidad. En la víspera de Pascua arden fuegos en la orilla del Elba en Blankenese.

*D*er Motorradgottesdienst im Michel lockt einmal pro Jahr harte Burschen und Bräute an, während sich im Center-Court auf dem Rothenbaum ein ganz anderes Publikum zu treffen pflegt.

*T*he motorbike service in the Michel attracts tough guys and their girlfriends once a year, while a very different crowd likes to meet at the centre court of Rotherbaum tennis club.

*L*e service religieux pour les motocyclistes en l'Église Saint Michel attire chaque année les hommes et les femmes adeptes de la moto. Pendant ce temps, le court central de Rotherbaum rassemble un public tout à fait différent.

*L*a misa para motoristas en la iglesia de San Miguel (Michel) reúne una vez al año a motociclistas y sus chicas mientras en las canchas de tenis (el Centre Court) en el Rotherbaum se encuentra otro público bien diferente.

*Z*u den „Mitwirkenden" des Hafen-
geburtstags gehören die kleinen, aber
kraftstrotzenden Schlepper ebenso
wie die malerischen Windjammer.

*T*he small but powerful tugboats are just
as much a part of the harbour anniversary
celebrations as the picturesque tall ships.

*L*es remorqueurs petits, mais vigoureux
de même que les grands voiliers
pittoresques font partie des «acteurs»
du jour anniversaire du port.

*T*anto los pequeños pero fuertes
remolcadores, como los pintorescos veleros
participan en el aniversario del puerto.

Ships und Chips:
Der Wirtschafts-Standort

Gebirge aus Containern. Längst haben sich diese Transportbehälter im Frachtverkehr durchgesetzt.

A mountain landscape of containers, now the dominant element in cargo traffic.

Montagne de conteneurs. Ces conteneurs de transport se sont imposés depuis longtemps dans le trafic de marchandises.

Moles de containers. Estos navíos hace tiempo que se han impuesto en el tráfico de mercancías.

Es gibt sie noch – die Schauerleute. Wie ihre Vorgänger vor mehr als 100 Jahren schleppen sie Kisten und Säcke aus den Bäuchen der Schiffe, die im Hamburger Hafen festmachen. Rund 550 Schauerleute arbeiten hier, im größten Hafen Deutschlands, im zweitgrößten Europas. Viele haben bereits aufgegeben, viele werden noch gehen, und eines Tages, so sagen die Manager des Hafens, muß sich auch der letzte Schauermann verabschieden. Immer mehr Schiffe verstauen ihre Fracht in Containern. Die lassen sich mit Kränen umladen, schneller und vor allem billiger. Zeit ist Geld, gerade in der Schiffahrt, gerade in Hamburg. Vorbei sind die Zeiten, da die Matrosen durch St. Pauli streiften, während ihr Frachter gelöscht wurde.

Eines allerdings hat sich nicht geändert: Nach wie vor ist der Hafen das Herz der Hamburger Wirtschaft. 140 000 Menschen gibt er Arbeit – vom Schauermann bis zum Spediteur und Logistik-Manager. Mehr als 700 000 Stellen weist die Hansestadt insgesamt auf. Rund 12 000 Schiffe steuern Jahr für Jahr Hamburg an, 70 Prozent kommen aus anderen europäischen Städten, fast elf Prozent aus Asien, jeweils acht Prozent aus Afrika und Amerika. Doch die Frachter aus Asien und Amerika – das sind die großen Pötte. Sie bringen mehr Güter in den Hamburger Hafen als die anderen. So stammen fast 40 Prozent der Schiffsfracht aus Asien. Soviel kommt nicht einmal aus dem übrigen Europa. Hamburg ist das Drehkreuz Asiens in Europa. Erst recht seit der Öffnung Osteuropas. Von Hamburg aus gelangen die Waren aus Übersee nicht nur nach München und Berlin, sondern auch nach Prag und Warschau, nach Stockholm und Kopenhagen.

Neben den 12 000 Seeschiffen laufen jährlich noch fast genauso viele Binnenschiffe den Hafen an. Fast 24 000 Schiffe jährlich, im Schnitt mehr als 65 am Tag, Weihnachten und Ostern mitgerechnet. Und wenn sie wieder auslaufen, fahren sie vorbei an Blohm + Voss, vorbei an Sietas, den beiden letzten großen Werften Hamburgs. Sietas, 1635 von Carsten Sietasch inmitten von Obstfeldern gegründet, gehört noch heute der Familie Sietas, die sich bis zum Ende des 18. Jahrhunderts mit „sch" schrieb. Blohm + Voss ist längst Teil des Krupp-Thyssen-Konzerns.

Der Versicherungsfachmann Ernst Voss und der Schiffbau-Ingenieur Hermann Blohm hatten 1877 mit dem Bau der Werft begonnen. Zu den größten Kunden zählten bald die heute noch existierende Reederei Hamburg-Süd und die Reederei Hapag, die 1847 entstand, von Albert Ballin 1914 zur größten Reederei der Welt ausgebaut wurde und 1970 mit dem Norddeutschen Lloyd aus Bremen zu Hapag-Lloyd verschmolz. Ein Name, der heute auf Frachtern prangt, auf Containern, Flugzeugen und Reisebüros. Eine Marke, die heute noch weltweit bekannt ist, getreu Ballins Motto: „Mein Feld ist die Welt".

Dem Sohn des Werftgründers Hermann Blohm, dem Walther Blohm, verdankt Hamburg seine Position als einer der wichtigsten Standorte der internationalen Flugzeug-Industrie. Nach dem Ersten Weltkrieg übernahm Walther Blohm zunächst die Werft seines Vaters, doch schon 1932 begann er mit dem Bau von Flugzeugen. 1936 errichtete er eine Flugzeug-Werft, die Keimzelle des Flugzeug-Konzerns Messerschmitt-Bölkow-Blohm, der inzwischen in der Dasa aufging, dem Luftfahrt-Unternehmen von DaimlerChrysler. Noch heute werden auf Finkenwerder Flugzeuge montiert: Airbus-Maschinen. Und am Flughafen in Fuhlsbüttel betreibt die Lufthansa eine Werft für die Wartung und Reparatur von Flugzeugen aller großen Hersteller.

Viele große Firmen unterhalten in Hamburg eine Niederlassung. Keine andere deutsche Stadt beherbergt mehr Filialen auswärtiger Unternehmen. Die internationalen Ölkonzerne sind hier ebenso vertreten wie Philips und Siemens. Philips fertigt in Hamburg sogar Chips. Viele Hamburger Unternehmen sind heute weltweit bekannt und haben oft eines gemeinsam: Sie verdanken ihre Entstehung dem Pioniergeist wagemutiger Jungunternehmer.

So errichtete der Apotheker Paul Beiersdorf gemeinsam mit Professor P. G. Unna 1892 die Beiersdorf-Fabrik, die das Leukoplast erfand und – mindestens ebenso bedeutsam – die Nivea-Creme und den Tesa-Film. Die Brüder Albert und Louis Cohen gründeten die Gummiwerke Phoenix, heute ein wichtiger Zulieferer der Autohersteller. Hans Still eröffnete 1920 die Still-Fabrik, heute der bekannteste Produzent von Gabelstaplern – neben dem Hamburger Unternehmen und Konkurrenten Jungheinrich. Holsten, Hamburgs berühmteste und größte Brauerei, entstand 1879 als Aktiengesellschaft.

Nach dem Zweiten Weltkrieg setzte eine weitere Gründungswelle ein. Der Dresdner Ingenieur Kurt A. Koerber begann 1946 in Hamburg mit dem Bau von Zigarettenmaschinen, und Werner Otto, Flüchtling aus Westpreußen, legte 1949 den Grundstein für das weltweit größte Versandhaus, den Otto-Konzern. Um nur zwei prominente Beispiele zu nennen. Neue Unternehmen entstehen in Hamburg noch immer, mehr als 10 000 im Jahr, inzwischen meist Dienstleister, vor allem Multimedia-Firmen. Mehr als 700 Multimedia-Betriebe gibt es bereits, gemeinsam mit den Verlagen Axel Springer, Heinrich Bauer und Gruner + Jahr machen sie Hamburg zur Medienmetropole.

Rund 75 Prozent aller Hamburger Beschäftigten arbeiten im Dienstleistungsbereich, der Hamburg stärker prägt als die Industrie. Schon früher lebte Hamburg mehr vom Handel als von Fabriken, zumal sich Schiffahrt und Handel bedingten. Kein Wunder, daß Hamburgs Börse die älteste in Deutschland ist. Bereits 1558 boten Händler am Nikolaifleet Waren gegen Gebot feil, damals noch unter freiem Himmel. 1841 zogen die Händler an die Stelle, wo noch heute die Börse steht: an den Adolphsplatz, direkt hinter dem heutigen Rathaus. Eine symbolträchtige Verbindung bis heute. Doch ob die Börse wirklich hinter dem Rathaus steht oder das Rathaus hinter der Börse, das hängt – wie immer in der Politik – vom Standort des Betrachters ab.

Hermann J. Olbermann

Ships and Chips:
The Economic Location

They still exist – the dockers. Just like their predecessors of more than a hundred years ago, they lug chests and sacks from the bowels of the ships that moor in Hamburg Harbour. Around 550 dockers work here, in the largest German port, the second largest in Europe. Many have given up already, many more will leave, and one day – say the harbour's managers – even the last docker will have to take his leave. More and more ships now stow their loads in containers. These can be loaded and unloaded by crane – faster and, more important, cheaper too. Time is money, particularly in shipping, particularly in Hamburg. Gone are the times when sailors roamed through St Pauli while their freighters were being unloaded.

One thing, however, has not changed: the harbour is still the very heart of the Hamburg economy. It provides work for 140,000 people – from dockers to shipping agents and logistics managers. The Hanseatic town as a whole offers well over 700,000 jobs. Around 12,000 ships head for Hamburg every year: 70 per cent come from other European towns, almost eleven per cent from Asia, and eight per cent each from Africa and America. But the freighters from Africa and America are the largest of them all. They bring more goods into Hamburg Harbour than all the others. Thus almost 40 per cent of the shipping freight comes from Asia. That is more than from the rest of Europe. Hamburg is Asia's hub in Europe. Particularly so since the opening up of Eastern Europe. From Hamburg the goods from overseas reach not only Munich and Berlin, but also Prague and Warsaw, Stockholm and Copenhagen.

Apart from the 12,000 deep-sea vessels, almost as many riverboats head for the harbour each year. Nearly 24,000 ships a year, on average more than 65 a day, Christmas and Easter included. And when they leave again, they sail past Blohm + Voss and past Sietas, the last two of the big Hamburg shipyards. Sietas, founded in 1635 by Carsten Sietasch in the middle of fruit farms, still belongs today to the Sietas family who spelled their name with an "sch" until the end of the 18th century. While Blohm + Voss has now long been part of the Krupp Thyssen Group.

Insurance broker Ernst Voss and shipbuilding engineer Hermann Blohm started building their shipyard in 1877. They were soon able to count among their best clients the shipping company Hamburg-Süd (which still exists today) and the shipping company Hapag, which was founded in 1847, developed by Albert Hallin, in 1914, into the largest shipping company in the world and merged in 1970 with the Norddeutsche Lloyd of Bremen to become Hapag-Lloyd – a name that can today be seen on many freighters, containers, aeroplanes and travel agencies. A brand that even today still carries the motto "My field is the world".

It is Walther Blohm, son of shipyard founder Hermann Blohm, that Hamburg has to thank for its position as one of the foremost sites of the international aircraft industry. After the First World War Walther Blohm initially took charge of his father's shipyard, but started building aircraft as early as 1932. In 1936 he established an aircraft factory, the nucleus of the aircraft group Messerschmitt-Bölkow-Blohm, which eventually was taken over by Dasa, the Daimler-Chrysler aerospace company. To this very day aeroplanes are assembled in Finkenwerder: the Airbus. And Lufthansa maintains an aircraft factory to service and repair aircraft of all major manufacturers by the airport in Fuhlsbüttel.

Many large companies have branches in Hamburg. No other German town is home to more non-local enterprises. International oil groups are represented here, as are Philips and Siemens. Philips even manufactures chips in Hamburg. Today, many Hamburg companies are known all over the world and they often have one thing in common: They owe their origin to the pioneering spirit of daring young entrepreneurs.

Thus in 1892 pharmacist Paul Beiersdorf founded, together with Professor P.G. Unna, the Beiersdorf Factory which invented elastoplast, then called Leukoplast, and – of at least equal importance – Nivea Cream and sellotape. The brothers Albert and Louis Cohen founded the rubber factory Phoenix, today an important component supplier to the car industry. In 1920 Hans Still opened the Still Factory, today one of the leading German producer of forklift trucks – equalled only by its Hamburg competitor Jungheinrich. Holsten, Hamburg's largest and most famous brewery, came into being in 1879 as a joint-stock company.

After Word War II another wave of company formations began. Dresden engineer Kurt A. Koerber started manufacturing cigarette machines in Hamburg in 1946, and Werner Otto, a refugee from West Prussia, laid the foundation stone for the largest mail-order company in the world: the Otto Group – to name just two famous examples. New companies are still springing up in Hamburg at a rate of over 10,000 a year, by now mainly in the service sector and above all multi-media companies. There are already more than 700 multi-media firms which, together with the publishing houses Axel Springer, Heinrich Bauer and Gruner + Jahr have turned Hamburg into Germany's media metropolis.

Around 75 per cent of all Hamburg employees work in the service sector, which shapes Hamburg more strongly than its industries do. In the past too, Hamburg lived more by trade than industry, particularly as shipping and trade were mutually dependent. No wonder then, that the Hamburg stock exchange is the oldest in Germany. As early as 1558 traders offered their goods for bidding at the Nikolai Canal, at first under the open sky. In 1841 the traders moved to the spot where the stock exchange still stands today: Adolph's Square, just behind today's town hall. A heavily symbolic connection to this very day. But whether the stock exchange really stands behind the town hall or whether the town hall stands behind the stock exchange depends – as with so many things in politics – entirely on the point of view of the observer.

Hermann J. Olbermann

Trotz wirtschaftlicher Unwägbarkeiten hat sich Hamburg auf Dauer als Standort der Flugzeugproduktion behauptet.

Despite the economic uncertainties, Hamburg has succeeded in becoming a permanent location for aircraft production.

Malgré des impondérables économiques, Hambourg s'est imposée à la longue comme site de production aéronautique.

A pesar de los imponderables económicos Hamburgo se ha impuesto con el tiempo como centro de la fabricación de aviones.

Ships et Chips :
la place de l'économie

Lebendige Vergangenheit: Die Speicherstadt ist nach wie vor ein funktionierender wirtschaftlicher Organismus.

Living history: the warehouse district is still a working economic entity.

Passé vivant : la Speicherstadt est toujours un organisme économique qui fonctionne.

Pasado vivo: la zona de los almacenes del puerto siguen siendo un organismo económico que funciona.

Ils existent bien encore, les dockers ! Comme leurs prédécesseurs au siècle dernier, ils vident les ventres des navires qui viennent d'arriver au port, de leurs caisses et ballots. 550 dockers travaillent ici, dans le plus grand port d'Allemagne, le second d'Europe. Beaucoup d'entre eux ont déjà abandonné ce métier, d'autres sont prêts à le faire. Comme le disent les responsables du port, le jour viendra où le dernier docker devra partir. La plupart des navires chargent maintenant leurs marchandises dans des containers. On les charge et décharge au moyen de grues et cela revient moins cher. Le temps, c'est de l'argent. Cela concerne bien évidemment les affaires maritimes et surtout Hambourg. Finie l'époque où les marins passaient leur temps à Sankt Pauli pendant que les bateaux étaient chargés ou déchargés.

Une chose cependant n'a pas changé : Le port demeure le cœur de l'activité économique de Hambourg. Il donne du travail à 140.000 personnes – du docker au transporteur en passant par le responsable de la logistique. La ville de Hambourg offre, en tout, plus de 700.000 emplois. Environ 12.000 bateaux arrivent chaque année dans le port. 70 % d'entre eux en provenance d'un port européen, 11 % d'Asie, 8 % d'Afrique ainsi que 8% d'Amérique. Les plus gros navires viennent d'Afrique et d'Amérique. Un peu plus de 40% du frêt est en provenance de l'Asie. Le volume total européen est nettement en dessous. Hambourg est la plaque tournante de l'Asie en Europe, et ce bien plus encore depuis l'ouverture à l'Est. En dehors des 12.000 bateaux naviguant sur les mers et entrant dans le port, on compte, en plus, autant d' embarcations de navigation fluviale, en tout 24.000 soit une moyenne de 65 par jour, y compris Noël et Jour de l'An. Lorsqu'ils sortent du port, ils passent tous devant les docks «Blohm+Voss» et «Sietas », les deux plus grands et les derniers chantiers navals de Hambourg. «Sietas », fondé en 1635 sur un terrain rempli alors d'arbres fruitiers par Carsten Sietasch, appartient aujourd'hui toujours à la famille Sietas dont le nom s'écrivait jusqu'à la fin du 18ème siècle avec «sch». «Blohm+Voss» fait depuis longtemps partie du groupe Krupp-Thyssen.

Ernst Voss était assureur et Hermann Blohm ingénieur maritime. Ils créèrent le chantier naval en 1877. Les plus grandes compagnies de navigation telles Hamburg Süd et Hapag comptèrent vite parmi leurs plus gros clients. C'est en 1847 qu'Albert Ballin fonda sa compagnie maritime qui allait devenir la plus importante du monde en 1914. Elle fut absorbée, ainsi que la «Norddeutsche Lloyd» par le groupe «Hapag-Lloyd» en 1970, un nom que l'on retrouve aujourd'hui sur les navires, les containers, les agences de voyage et même les avions. C'est aussi une marque dont la devise est «Mon domaine, c'est le monde.»

C'est à Walther Blohm, le fils du fondateur des chantiers navals Hermann Blohm que la ville de Hambourg doit sa position de tête actuelle dans l'industrie aéronautique. A la fin de la Première Guerre Mondiale, Walther Blohm prit la succession de son père à la tête des chantiers navals mais, en 1932, il commença à se consacrer à la construction d'avions. En 1936, il ouvrit un chantier aéronautique, qui fut le point de départ de la compagnie Messerschmitt-Bölkow-Blohm qui évolua ensuite pour constituer la Dasa, le département aéronautique de DaimlerChrysler. Aujourd'hui encore, des avions sont montés dans les ateliers de Finkenwerder: ce sont les Airbus. A l'aéroport de Hambourg-Fuhlsbüttel, la Lufthansa dispose d'un chantier aéronautique assurant la maintenance et les réparations des avions de tous les grands constructeurs. De nombreuses grandes entreprises ont une succursale à Hambourg. Les grandes compagnies pétrolières y ont pignon sur rue tout aussi bien que Siemens ou Philips. Philips fabrique à Hambourg des circuits intégrés. Beaucoup d'entreprises de Hambourg jouissent d'une renommée mondiale. Elles ont toutes un point commun : Elles sont le fruit d'un extraordinaire esprit d'entreprise de la part de jeunes créateurs. C'est ainsi que le pharmacien Paul Beiersdorf créa en 1892 avec le Professseur P. G. Unna le groupe pharmaceutique Beiersdorf qui découvrit le pansement adhésif Leukoplast mais aussi et surtout la Crème Nivea et le ruban adhésif Tesa. Les frères Albert et Louis Cohen fondèrent l'usine de traîtement de caoutchouc Phoenix qui est aujourd'hui un important sous-traitant de l'industrie automobile. Hans Still fonda en 1920 l'Usine Still qui , avec son concurrent Jungheinrich, également de Hambourg, produit les chariots-élévateurs les plus connus du marché. La brasserie Holsten ouvrit ses portes dès 1879 en tant que société anonyme.

La fin de la Deuxième Guerre Mondiale vit la création de nouvelles entreprises. Kurt A. Koerber, un ingénieur originaire de Dresden, construisit dès 1946 des machines à fabriquer les cigarettes. Werner Otto, un réfugié originaire de Prusse Occidentale, créa en 1948 une entreprise qui allait devenir la plus vaste organisation de vente par correspondance au monde – pour ne citer que les deux plus célèbres.

Plus de 10.000 nouvelles entreprises voient le jour chaque année à Hambourg. La plupart d'entre elles offrent des prestations de services et en particulier dans le domaine dit «multimédia». Dans le domaine de l'édition et de la presse, plus de 700 entreprises collaborent avec les grands groupes de presse Axel Springer, Heinrich Bauer et Gruner+Jahr. C'est ainsi qu'Hambourg est devenu la capitale allemande des médias. Environ 75% de la population active de Hambourg travaille dans le domaine des prestations de services qui prime donc sur l'industrie. Depuis toujours, Hambourg a plus vécu de son commerce que de son industrie, d'autant plus que c'est la navigation qui a engendré le commerce. Il n'est donc pas étonnant de constater que la bourse de Hambourg est la plus ancienne d'Allemagne. Déjà en 1588, des marchands proposaient des marchandises au plus offrant, en plein air dans le «Fleet» Nikolai. En 1841, ils s'installèrent juste derrière l'actuelle Mairie de Hambourg, dans la Adolphstrasse à l'endroit exact où se trouve aujourd'hui la bourse de Hambourg. On peut y voir aujourd'hui un aspect symbolique : En effet, on peut considérer les choses différemment selon l'optique dans laquelle on se place: La Mairie se cache-t-elle derrière la Bourse ou est-ce l'inverse ¿

Hermann J. Olbermann

*W*ie eine Schlange windet sich der stromlinienförmige ICE durch die Hamburger Stadtlandschaft. In der Lufthansa-Werft werden Flugzeuge vieler Airlines repariert und gewartet.

*S*nakelike, the streamlined ICE winds its way through the urban scenery. Aircraft from many different airlines are repaired and serviced in Lufthansa's hangars.

*C*omme un serpent, le ICE de forme aérodynamique se tortille dans le paysage urbain de Hambourg. Dans l'atelier de réparations aéronautiques de la Lufthansa, on répare et entretient des avions de nombreuses compagnies aériennes.

*E*l ICE serpentea por el paisaje urbano de Hamburgo. En las instalaciones de Lufthansa se efectúan las reparaciones y el mantenimiento de los aviones de numerosas compañías.

Container, Schiffe, Schlepper und eine Phalanx von Kränen: Die Hafenszenerie ist zu jeder Tageszeit faszinierend.

Container, ships, tugs and a battery of cranes: The harbour scenery is fascinating at all times of the day.

Containers, Bateaux, Remorqueurs et les sommets des grues: Un paysage fascinant à toute heure du jour et de la nuit.

Contenedores, barcos, remolcadores y gran cantidad de grúas: El escenario del puerto es fascinante a todas horas.

*D*ie Ästhetik moderner Zweckbauten:
Elegant geschwungen ist die gewaltige
Köhlbrandbrücke – und das Dach
des neuen Terminals im Fuhlsbütteler
Flughafen.

*T*he aesthetics of modern functional
buildings: the elegant sweep of
Köhlbrand Bridge and the roof of the
new terminal at Fuhlsbüttel Airport.

L'esthétique des constructions purement
utilitaires : le prodigieux pont Köhlbrandbrücke est élégamment arqué, et le toit
du nouveau terminal dans l'aéroport de
Fuhlsbüttel.

*E*stética de los modernos edificios
funcionales: el elegante puente Köhlbrand
y el tejado de la nueva terminal en el
aeropuerto de Fuhlsbüttel.

Der Containerumschlag bestimmt heute die Hafenwirtschaft. Sprintbereit: ICE-Züge im Bahnbetriebshof Eidelstedt.

Container handling now dominates port business. Ready to sprint: ICE trains at Eidelstedt railway maintenance shop.

La manutention des conteneurs détermine aujourd'hui l'économie du port. Prêts pour le sprint : les trains ICE dans le dépôt de machines de Eidelstedt.

Los containers marcan actualmente la economía portuaria. Preparados para el sprint: trenes ICE en las instalaciones de servicio ferroviario de Eidelstedt.

*D*as Levante-Haus an der Mönckebergstraße lädt zum Shopping ein –
oder einfach zum Bummeln.

*T*he Levante House in Mönckeberg
Street is an inviting place for shopping –
or just for a walk.

*L*a Maison du Levant «Levante-Haus»
dans la Mönckebergstrasse pour le
shopping ou le lèche-vitrine.

*L*a Casa de Levante (Levante-Haus) en
la calle Mönckebergstraße invita a ir de
compras o simplemente a pasear.

*D*ie Handelskammer (oben) ist ein Symbol hanseatischer Tradition. Eine Universität gibt es in Hamburg erst seit Anfang dieses Jahrhunderts (unten). Heute werden in der Stadt auch Chips entwickelt.

*T*he Chamber of Commerce (top) is symbolic of Hanseatic tradition. Hamburg has had a university (bottom) only since the turn of the century. Nowadays, microchips are also developed in the city.

*L*a Chambre de commerce (en haut) est un symbole de la tradition hanséatique. Une université (en bas) existe à Hambourg seulement depuis le début de ce siècle. Actuellement, on développe également des puces dans la ville.

*L*a cámara de comercio (arriba) es un símbolo de la tradición hanseática. En Hamburgo hay universidad (abajo) desde principios de este siglo. Actualmente en la ciudad también se producen chips.

*E*inst waren sie die Kulissen für
Ankunft und Abschied:
die St.-Pauli-Landungsbrücken.

*O*nce the scene of greetings and
farewells: the landing stages at St. Pauli.

La gare fluviale de St. Pauli : elle était
autrefois le théâtre des départs et des
arrivées.

*A*ntaño era el escenario de llegadas y
despedidas: los muelles de San Pauli.

Tore zur Welt:
Die Stadt
und ihre Fremden

Hamburg hat viele Grenzübergänge. Die offiziellen am Flughafen und im Freihafen sind kräftig gesichert. Anderswo aber stehen viele Tore zur Welt weit offen, mitten in Hamburg, gleich nebenan. Gehen Sie mal mittags in eines der portugiesischen Restaurants am Hafen, wenn gerade eine Schiffscrew ankommt. Ein paar Flaschen Vinho verde, eine große Caldeirada – dann wird gesungen, und Hamburg ist ganz weit weg. Schauen Sie mal in einen chinesischen Supermarkt (etwa im Parterre der grauen Hochhäuser am Klosterwall, gleich am Hauptbahnhof). Da finden Sie alle Köstlichkeiten Asiens: Gemüse, für die es nicht mal deutsche Namen gibt, Trockenfisch, seltsame Soßen, japanische High-Tech-Trockensuppen und märchenhafte Gewürze. Man spricht chinesisch, vietnamesisch oder thailändisch; hier kaufen Inder, Japaner und Deutsche. Drei Schritte weiter gibt's persische Spezialitäten, dahinter einen italienischen Supermarkt.

Türkische Gemüsehändler, in manchen Stadtteilen schon mit Monopol-Status, bereichern durch kulante Öffnungszeiten die Speisekarte sonnabendlicher Langschläfer, griechische Konditoren bieten zähnemordende Süßigkeiten an, in Sushi-Bars fühlen sich Japaner wie zu Hause, einige Italiener beherrschen noch die Kunst, hauchdünne Pizza kroß zu backen. Anderswo kann man zwei, drei Guinness trinken, ohne daß in der Kneipe ein deutsches Wort fällt. Derweil biegt sich bei Saliba unter den Alsterarkaden der Tisch unter den vielen Mezze-Schüsselchen, und man fühlt sich venezianisch-syrisch-hanseatisch verwöhnt. Von den 2 000 Restaurants und Kneipen in Hamburg wird knapp die Hälfte von Ausländern geführt; wer hier zu einer Weltreise der Genüsse starten möchte, braucht nicht weit zu fahren.

Die Rosenverkäufer, die sich in manchen City-Vierteln nachts die Restaurant-Türen in die Hand geben, kommen aus Asien; Hosen und Hemdsärmel kürzen griechische und türkische Änderungsschneider, und in vielen urdeutschen Läden bedient längst die eine oder andere freundliche polnische Verkäuferin.

Vorbei auch die Zeit, zu der evangelisch-lutherisch beten mußte, wer Hamburger Bürger sein wollte: Andersgläubige treffen sich im hinduistischen Tempel in St. Georg oder im tibetisch-buddhistischen Zentrum in Berne, in der Synagoge in Eimsbüttel, zu christlichen Gottesdiensten afrikanischer, russisch- oder griechisch-orthodoxer Prägung. Für die 100 000 Moslems der Stadt gibt es 26 Moscheen; die schönste ist mit Minaretten und türkisfarbener Kuppel in Alsternähe auf der Uhlenhorst zu bewundern. Und seit 1995 hat Hamburg sogar wieder einen katholischen Erzbischof in seinen Mauern.

Ausländische Kinder lernen in einer japanischen oder chinesischen Schule ihre Muttersprache, andere sitzen nachmittags in Koranschulen. Die meisten aber gehen auf ganz normale Schulen und bereichern da den Erfahrungshorizont deutscher Mitschüler – in einer echten Multikulti-Klasse nicht immer ganz einfach.

Vor Karstadt in der City spielt und tanzt ein weißrussisches Trachten-Ensemble; am Bahnhof flöten Südamerikaner das Lied der Anden gegen das hypnotische Trommeln eines Mannes aus Ghana. Das Bob-Dylan-Double auf dem Rathausmarkt kommt aus der Partnerstadt Chicago, und die Kampnagel-Kulturfabrik präsentiert vielleicht eben eine indische Frauentanzgruppe oder ein afrikanisches Musical.

Fast 272 000 Ausländer aus 184 Nationen leben in Hamburg – 15 Prozent aller Einwohner der Hansestadt. Trotz der sozialen Probleme, die das in einigen Stadtteilen mit sich bringt, wo der Ausländeranteil längst 50 Prozent überschritten hat, bleibt die Stadt weltoffen.

Denn Ausländer sind hier nichts Besonderes – nicht erst, seit sich die Stadt im Jahr 1189 listenreich das kaiserliche Hafenprivileg besorgte. Heute machen hier pro Monat 1 000 Seeschiffe fest; Liniendienste bedienen 800 Häfen rund um den Globus.

2 500 teils traditionsreiche und hochspezialisierte Im- und Exportfirmen haben einen ganz kurzen Draht zu den Märkten in aller Welt. Unter den ausländischen Geschäftsleuten sind die Chinesen derzeit besonders aktiv; mehr als 200 Firmen haben sich hier angesiedelt.

Über Hamburg läuft ein Zehntel des deutschen Außenhandels: Schrauben und komplette Industrieanlagen, Chemikalien und zartes Parfüm, Teppiche, Kaffee, Bananen, exotische Gewürze. Gehen Sie mal an einem heißen Sommertag durch die Speicherstadt im Freihafen und schnuppern Sie!

Hanseatische Eigenständigkeit brachte Hamburg im vergangenen Jahrhundert direkte Verbindungen in viele Städte der Welt; hamburgische Kaufleute hielten die Flagge ihrer Heimat bis in den Fernen Osten hoch. Heute ist es umgekehrt: 97 Konsulate – mehr als in jeder anderen Stadt der Welt – sorgen für ein reibungsfreies Miteinander.

Und von den Millionen Besuchern Hamburgs, die jährlich in Hamburg übernachten, kommt eine gute Million von jenseits der deutschen Grenzen, die vielen Tagesbesucher nicht mal mitgerechnet. Die Interessen sind unterschiedlich: Die große Mehrheit kommt der Geschäfte wegen – andererseits ist die Stadt an Alster und Elbe eine attraktive Station für Sightseeleute und Kultouristen, für internationale High-Class-Shopper und Billigeinkäufer aus Europas Osten.

Und jeder hilft ein bißchen mit, daß immer mehr Menschen hinter der angeblichen hanseatischen Steifheit etwas ganz anderes entdecken: multikulturelle Weltläufigkeit, die sich über das andere weder ereifert noch wundert, sondern das Beste davon einfach still genießt.

Hans-Juergen Fink

Gateways to the World:
the City and its Foreigners

Hamburg has many borders. The official ones at the airport and the free port are rated high security. But elsewhere, the city has many gateways to the world which stand wide open, at the heart of the city, just round the corner. Call in at one of the Portuguese restaurants in the harbour at lunchtime when a ship's crew has just arrived. A few bottles of vinho verde, a large caldeirada – then the singing begins and Hamburg is far, far away.

Or visit the Chinese supermarket (for example on the ground floor of the grey high-rise buildings at Klosterwall, right beside the main railway station). There you will find all the treasures of Asia – vegetables that don't even have a name in German, dried fish, strange sauces, Japanese high-tech dried soups and fabulous spices. You hear Chinese, Vietnamese and Thai; you see Indian, Japanese and German shoppers. A couple of yards further on, there is a store selling Persian specialities and an Italian supermarket behind that.

Turkish greengrocers, who already have monopoly status in some districts, enrich the menus of late Saturday breakfasters thanks to their generous opening hours; Greek confectioners peddle tooth-killing treats, Japanese feel at home in sushi bars while some Italians still master the art of baking wafer-thin, crispy pizzas.

Elsewhere you can enjoy a pint or two of Guinness without hearing a single word of German in the pub. In the meantime, the table at Saliba in the Alster Arcades is groaning beneath the weight of the myriad mezze bowls as guests indulge in a culinary combination of Venetian, Syrian and Hanseatic delicacies. Almost half the 2,000 restaurants and pubs in Hamburg are run by foreigners; anyone who wants to embark on a culinary trip around the world need not travel far.

The rose vendors who come and go in quick succession through the restaurants in some districts hail from Asia; trousers and shirt sleeves are shortened by Greek and Turkish tailors, and in many traditional German shops, the friendly saleswoman who serves you will be Polish.

Gone are the times when any self-respecting Hamburg citizen prayed to a Protestant God: those of other faiths meet in the Hindu temple in St. Georg, the Tibetan Buddhist centre in Berne, the synagogue in Eimsbüttel or at Christian services of an African, Russian or Greek Orthodox persuasion. There are 26 mosques for the city's 100,000 Muslims; the most beautiful of these, with minarets and turquoise dome, can be seen at Uhlenhorst near the Alster. And Hamburg has recently even become home to a Catholic Archbishop once again.

Some foreign children learn their native language at a Japanese or Chinese school, while others attend the Koranic school. But most attend ordinary schools where they widen the horizons of their German fellow pupils – not always as simple as it sounds in a genuine multi-cultural class.

A Belorussian ensemble plays and dances in national costume outside Karstadt department store in the city centre; at the station, the song of the Andes played on flute by South Americans competes with the hypnotic drumbeats of a man from Ghana. The Bob Dylan lookalike on the market place comes from Hamburg's twin town of Chicago, while the Kampnagel "Culture Factory" may perhaps be presenting an Indian female dance group or an African musical.

Nowadays, almost 272,000 foreigners from 184 different nations are living in Hamburg – in other words, 15 per cent of the city's total population. Despite the consequent social problems in some districts, where the proportion of foreigners has long since passed the 50% mark, the city remains confidently cosmopolitan.

Foreigners are nothing special here – and not just since the city cunningly acquired imperial harbour privileges in 1189. Nowadays 1,000 ocean-going vessels tie up here every month; regular services operate to and from 800 harbours round the world.

2,500 import and export companies, some rich in tradition, others highly specialised, have a direct link with international markets. Among foreign businessmen, the Chinese are particularly prominent at the moment; more than 200 firms have set up business here.

One tenth of all German foreign trade passes through Hamburg – from simple screws to complete industrial plants, from chemicals to delicate perfumes, carpets, coffee, bananas, exotic spices. Take a stroll through the warehouse area of the free port on a hot summer day and sniff its inimitable scent.

Last century, Hanseatic independence brought Hamburg direct connections with many cities throughout the world; Hamburg merchants hoisted their home flag even in the Far East. Now the tradition is reversed: 97 consulates – more than in any other city in the world – promote a harmonious co-existence of all nations.

And of the millions of visitors who spend a night in Hamburg every year, a good million of them comes from beyond the German borders, not counting the large number of day trippers. Their interests vary: the great majority comes for business reasons. On the other hand, the city on the Alster and Elbe is also an attractive port of call for sightseers and culture vultures, for international high-class shoppers and Eastern Europeans looking for bargains.

And everyone helps in his own small way to ensure that more and more people discover more and more different aspects behind the supposed Hanseatic stolidity: a multi-cultural cosmopolitan attitude that gets neither worked up nor amazed at the differentness, but just quietly enjoys the best of it.

Hans-Juergen Fink

Mehr als ein Verkehrsknotenpunkt: Der Hauptbahnhof ist auch ein Ort der Kommunikation.

More than just a traffic intersection: the central railway station is also a communication centre.

Plus qu'un noeud de communication : la gare principale est également un lieu de communication.

Más que un nudo de comunicaciones: la estación central es también un centro de la comunicación.

Nicht wegzudenken aus dem Stadtbild sind die ausländischen Läden, wie dieses Geschäft an der Langen Reihe.

The cityscape would be unthinkable without its foreign shops, such as this one on Lange Reihe.

On ne peut pas imaginer l'aspect de la ville sans les boutiques étrangères comme ce magasin sur la Lange Reihe.

Ya no puede concebirse Hamburgo sin la presencia de las tiendas de extranjeros, como ésta situada en Lange Reihe.

La porte du monde:
la ville et ses étrangers

Hambourg a de nombreux points de passage de frontière. Les points officiels à l'aéroport et dans le port franc sont protégés vigoureusement. Mais ailleurs, de nombreuses portes sont largement ouvertes sur le monde, au centre de Hambourg, juste à côté. Allez un jour à midi dans l'un des restaurants portugais sur le port, précisément lorsqu'arrive un équipage de bateau. Quelques bouteilles de Vinho verde, une grande Caldeirada – on chante alors et Hambourg paraît déjà loin.

Jetez un coup d'oeil dans un supermarché chinois (par exemple au rez-de-chaussée des buildings gris près du Klosterwall, juste à côté de la gare). Là vous trouvez tous les délices de l'Asie : des légumes pour lesquels il n'y a même pas de noms allemands, du poisson séché, des sauces bizarres, des soupes sèches de haute technologie et des épices fabuleux. On parle chinois, vietnamien ou thaïlandais ; ici achètent des Indiens, des Japonais et des Allemands. Trois pas plus loin, il y a des spécialités de la Perse, et derrière un supermarché italien.

Des marchands de légumes turcs, qui ont déjà un statut de monopole dans certains quartiers, enrichissent le menu de grands dormeurs du samedi grâce à leurs heures d'ouverture souples, des pâtissiers grecs proposent des sucreries qui massacrent les dents, des Japonais se sentent comme chez eux dans des bars Sushi, quelques Italiens maîtrisent encore l'art de faire cuire des pizzas très fines et croustillantes.

Quelque part ailleurs, on peut boire deux ou trois Guinness sans entendre un mot d'allemand dans le bistrot. Pendant ce temps, chez Saliba, sous les arcades de l'Alster, la table plie sous les nombreux petits plats de Mezze, et on se sent choyé dans cette ambiance vénitienne-syrienne-hanséatique. Sur les 2000 restaurants et bistrots, la moitié est tenue par des étrangers ; la personne ici qui veut partir pour faire un tour du monde des délices n'a pas besoin d'aller très loin.

Les vendeurs de roses, qui n'arrêtent pas d'ouvrir et de fermer les portes des restaurants la nuit dans certains quartiers du centre-ville, viennent d'Asie ; les pantalons et manches de chemise sont raccourcis par des tailleurs grecs et turcs qui font des retouches, et dans un grand nombre de magasins bien allemands, l'une ou l'autre vendeuse aimable polonaise assure le service.

L'époque où celui qui voulait devenir un citoyen de Hambourg devait dire sa prière protestante-luthérienne est révolue : on rencontre des hétérodoxes dans le Temple hindouiste à St. Georg ou dans le Centre thibétain-bouddiste à Berne, à la synagogue à Eimsbüttel, lors des messes chrétiennes à caractère africain, russe ou gréco-orthodoxe. Pour les 100.000 musulmans de la ville, il y a 26 mosquées; la plus belle, avec des minarets et une coupole couleur turquoise, peut être admirée à proximité de l'Alster sur le Uhlenhorst. Et depuis peu Hambourg a même de nouveau un archevêque catholique dans ses murs.

Des enfants étrangers apprennent leur langue maternelle dans une école japonaise ou une école chinoise, d'autres sont assis dans des écoles coraniques. Mais la plupart vont dans des écoles tout à fait normales et enrichissent ici l'horizon d'expériences des camarades de classe allemands, ce qui n'est pas toujours facile dans une classe avec plusieurs cultures.

Un ensemble folklorique de Biélorussie joue et danse devant le magasin Karstadt dans le centre-ville; à la gare, des Sud-américains jouent à la flûte la chanson des Andes en face du tambourinement hypnotique d'un homme du Ghana. La sosie de Bob-Dylan sur la place du Rathausmarkt vient de la ville jumelée de Chicago et l'usine à culture de Kampnagel est peut-être en train de présenter un groupe de danseuses indiennes ou un groupe musical africain.

272.000 étrangers en provenance de 184 pays vivaient à Hambourg, ce qui représente 15 pour-cent de tous les habitants de la ville hanséatique. Malgré les problèmes sociaux que cela entraîne dans certains quartiers, où la proportion d'étrangers a dépassé les 50% depuis longtemps, la ville reste ouverte sur le monde.

Ici, les étrangers ne sont pas en effet quelque chose de particulier, notamment depuis que la ville a acquis en 1189 avec plein de ruses le privilège impérial de port. Aujourd'hui, 1000 navires viennent s'amarrer ici tous les mois ; des services de lignes desservent 800 ports tout autour de la terre.

2500 firmes d'import-export en partie traditionnelles et hautement spécialisées sont en très étroite liaison avec les marchés du monde entier. Parmi les gens d'affaire étrangers, les Chinois sont particulièrement actifs actuellement; 200 firmes se sont implantées ici.

Par Hambourg, il passe un dixième du commerce extérieur allemand : vis et installations industrielles complètes, produits chimiques et parfums délicats, tapis, café, bananes, épices exotiques. Un jour, par une chaude journée estivale, traversez la ville des entrepôts dans le port franc et humez l'ambiance! L'originalité hanséatique de la ville a apporté à Hambourg, au cours du siècle passé, des liens directs avec de nombreuses villes du monde ; des commerçants de Hambourg ont hissé le drapeau de leur pays natal jusqu'au proche Orient. Aujourd'hui, c'est l'inverse : plus de 96 consulats (chiffre plus élevé que dans toute autre ville du monde) assurent une vie en commun sans incident.

Et sur les millions de visiteurs de Hambourg, qui passent une nuit à Hambourg tous les ans, un bon million vient d'au-delà des frontières allemandes, sans compter les nombreux visiteurs quotidiens. Les intérêts sont divers : la grande majorité vient pour les affaires ; d'autre part, la vile en bordure de l'Alster et de l'Elbe est une station attrayante pour les visiteurs de curiosités et les cultouristes, pour les clients de grand standing et les acheteurs bon marché en provenance de l'est de l'Europe.

Et chacun contribue un peu à ce que de plus en plus de gens découvrent quelque chose de tout à fait différent derrière laprétendue rigidité hanséatique : une urbanité multiculturelle qui ne s'emporte pas ni ne s'étonne au sujet d'autre chose, mais profite simplement et paisiblement de ce qu'il y a de mieux.

Hans-Juergen Fink

Puertas abiertas al mundo:
La ciudad y los extraños

Hamburgo tiene muchos pasos fronterizos. Los oficiales en el aeropuerto y en el puerto franco están sujetos a estrictos controles, pero en muchos lugares de la ciudad hay puertas abiertas al mundo de par en par, muy cerca suyo. Vaya a almorzar a uno de los restaurantes portugueses del puerto cuando acaba de llegar la tripulación de un barco. Tras una gran Calderaida regada con algunas botellas de Vinho verde, las canciones le transportarán muy lejos de Hamburgo.

Dese una vuelta por uno de los supermercados chinos (por ejemplo en la planta baja de los edificios grises de pisos en Klosterwall, justo al lado de la estación central), donde encontrará todas las exquisiteces asiáticas – verduras que ni siquiera tienen nombre en alemán, pescado seco, salsas exóticas, sopas instantáneas de alta tecnología japonesa y especias fabulosas. A su alrededor oirá hablar en chino, vietnamita o tailandés; en estos supermercados compran indios, japoneses y alemanes. A dos pasos venden especialidades persas y detrás hay un supermercado italiano.

Por sus flexibles horarios, los verduleros turcos, que en algunos barrios de la ciudad tienen el monopolio, llenan la cesta de la compra de aquellos que en sábado prefieren no madrugar, las pastelerías griegas ofrecen dulces irresistibles pero fatales para los dientes, en los bares sushi los japoneses se sienten como en casa y algunos italianos todavía dominan la técnica de preparar pizzas delgadas y crujientes.

En algunas tabernas puede tomarse dos o tres Guiness sin oír una sola palabra de alemán. Entretanto, en el restaurante Saliba situado bajo las arcadas del Alster la mesa amenaza con ceder bajo el peso de los numerosos cuencos de mezze y uno se siente mimado al estilo veneciano-sirio-hanseático. De los 2.000 restaurantes y tabernas de Hamburgo la mitad son regentadas por extranjeros; si desea dar la vuelta al mundo culinaria, no necesita ir muy lejos.

Los vendedores de rosas que ofrecen su mercancía por la noche a la puerta de los restaurantes en algunos barrios de la city, provienen de Asia; sastres turcos y griegos acortan pantalones y mangas de camisas y en muchas tiendas típicamente alemanas, algunas de las amables vendedoras son polacas.

Ya han quedado atrás lo tiempos en que sólo los evangélicos-luteranos podían ser ciudadanos de Hamburgo; los creyentes de otras religiones se reúnen en el templo hinduista de St. Georg, en el centro tibetano budista de Berne, en la Sinagoga de Eimsbüttel, en las celebraciones cristianas de la iglesia africana, ruso- o griego-ortodoxa. Los 100.000 musulmanes de la ciudad cuentan con 26 mezquitas; la más hermosa de ellas, con minaretes y una cúpula color turquesa puede contemplarse en Uhlenhorst, cerca del Alster. Y desde hace poco Hamburgo incluso vuelve a ser sede de un arzobispado católico.

Los niños extranjeros aprenden en las escuelas chinas o japonesas su lengua materna, otros acuden a escuelas del Corán, no obstante la mayoría van a escuelas normales enriqueciendo el horizonte de experiencias de sus compañeros alemanes, lo cual no resulta siempre sencillo en un auténtica clase multicultural.

Antes los grandes almacenes Karstadt en la city un conjunto folklórico bieloruso hace música y baila; en la estación, un grupo de sudamericanos toca la canción de los Andes con la flauta, que se confunde con el hipnótico tamborileo de un hombre de Ghana. El doble de Bob Dylan que actúa en el mercado del ayuntamiento viene de Chicago, ciudad hermanada con Hamburgo y en la Kampnagel-Kulturfabrik puede verse un grupo de bailarinas indias o un musical africano.

En Hamburgo vivían 272.000 extranjeros procedentes de 184 naciones, es decir el 15% de la población de la ciudad hanseática. A pesar de los conflictos sociales que esto conlleva en algunos barrios en los que el porcentaje de extranjeros supera el 50%, la ciudad permanece abierta al mundo.

Los extranjeros aquí no son nada nuevo, especialmente desde que en el año 1189 la ciudad astutamente consiguió el privilegio portuario imperial. Actualmente en el puerto de Hamburgo arriban mensualmente 1.000 navíos y los servicios regulares llegan a 800 puertos de todo el mundo.

2.500 compañías de importación y exportación de gran tradición y al mismo tiempo altamente especializadas mantienen un estrecho contacto con los mercados de todo el mundo. De entre los comerciantes extranjeros se destacan los chinos por su diligencia; casi 200 compañías se han establecido aquí.

Por Hamburgo pasa una décima parte del comercio exterior alemán – tornillos e instalaciones industriales completas, productos químicos y exquisitos perfumes, alfombras, café, plátanos, especias exóticas. Pase en un animado día de verano por el barrio de los antiguos almacenes en el puerto franco y huela. En el siglo pasado la autonomía hanseática permitió a Hamburgo establecer relaciones directas en muchas ciudades del mundo; los comerciantes hamburgueses enarbolaron la bandera de su patria hasta en el Lejano Oriente. Actualmente sucede lo contrario: 97 consulados, más que en ninguna otra ciudad del mundo, trabajan por una convivencia sin problemas.

Y de los millones de visitantes que Hamburgo acoge cada año, 1 millón procede de más allá de las fronteras alemanas, eso sin contar los numerosos visitantes que no pernoctan en la ciudad. Sus motivaciones son diversas: la mayoría acude por negocios, aunque Hamburgo también es un destino atractivo para los turistas y los interesados en la cultura, para compradores internacionales de clase alta y para los ciudadanos de Europa del Este en busca de gangas. Y todos ellos contribuyen un poco a que cada vez más personas tras la supuesta rigidez hanseática descubran algo más: cosmopolitismo multicultural que consiste en no apasionarse ni admirarse por lo distinto, sino simplemente disfrutar serenamente de lo mejor de ello.

Hans-Juergen Fink

Ein Foto mit Symbolcharakter: Schienenstränge am Hauptbahnhof.

A photo with symbolic character: tracks at the central railway station.

Une photo avec un caractère de symbole : les files de rails à la gare principale.

Una foto con carácter simbólico: vías férreas en la estación central.

*E*in unerwartetes, aber höchst reizvolles Bild bietet der Zwiebelturm der russisch-orthodoxen Kirche an der Hagenbeckstraße.

*A*n unexpected but charming motif of the onion dome of the Russian Orthodox Church on Hagenbeckstrasse.

*L*e clocher à bulbe de l'église orthodoxe russe dans la Hagenbeckstrasse offre une image inattendue, mais pleine de charmes.

*L*a torre de la iglesia ruso-ortodoxa situada en la Hagenbeckstrasse ofrece una imagen inesperada, pero muy atractiva.

*D*ie schönste der Hamburger Moscheen
steht an der Außenalster.
Das untere Bild zeigt den Innenraum
der Synagoge an der Isebek.

*T*he most beautiful mosque in Hamburg
is situated beside the Outer Alster.
The bottom photo shows the interior of
the Isebek synagogue.

*L*a plus belle des mosquées de Hambourg
se trouve au bord de la Aussenalster.
La photo du bas montre l'intérieur de la
synagogue à l'Isebek.

*L*a mezquita más hermosa de Hamburgo
se encuentra junto al Alster exterior. La
instantánea inferior muestra el interior de
la sinagoga a orillas del Isebek.

Chinesische Schriftzeichen sind im Hafen ganz alltäglich. Die Überseebrücke (rechts) war einst tatsächlich ein „Tor zur Welt". Eine Sehenswürdigkeit ist sie bis heute geblieben.

Chinese writing is nothing unusual in the docks. Übersee Bridge (right) was in fact once a "gateway to the world" and is still a splendid sight today.

Les caractères chinois sont un fait tout à fait quotidien dans le port. Le Überseebrücke (à droite) était autrefois effectivement une «porte du monde». Il est resté une curiosité jusqu'à aujourd'hui.

Los símbolos chinos son algo habitual en el puerto. El puente Übersee (derecha) en otro tiempo fue realmente una "puerta al mundo" que sigue siendo una atracción turística.

*D*as Ewertreffen jeweils im Spätsommer ist ein beliebtes Fotomotiv für Touristen. Beste Aussichten auf den internationalen Hafenbetrieb bietet eine Fahrt mit der Hochbahn.

*T*he Lighter Meeting "Ewertreffen" in late summer features prominently in many tourists' photos. A trip with the elevated railway affords an excellent view of the international port business.

A la fin de l'été les anciens bateaux du port «Ewers» se retrouvent lors de parades et compétitions (Ewertreffen). Un trajet avec le métro aérien offre de très belles perspectives sur l'exploitation internationale du port.

A finales del verano se celebra la reunión de las gabarras (Ewertreffen) que siempre es un buen motivo para las fotografías de los turistas. Un trayecto con el ferrocarril elevado ofrece las mejores vistas del puerto.

*H*amburgs „Weißes Haus", das ameri-
kanische Generalkonsulat, steht wie
die Gebäude vieler konsularischer
Vertretungen an der Außenalster. Von
einem üppigen Garten umgeben ist das
britische Konsulatsgebäude.

*H*amburg's "White House", the American
Consulate, is situated beside the Outer
Alster, together with many other consular
buildings. The British Consulate is set
amidst luxuriant gardens.

*L*a «Maison Blanche» de Hambourg,
le consulat américain, se trouve près de
l'Aussenalster, comme les bâtiments
d'un grand nombre de représentations
consulaires. Le bâtiment du consulat
britannique est entouré d'un jardin
luxuriant.

*L*a "Casa Blanca" de Hamburgo, el
consulado americano, se encuentra como
muchos otros consulados, junto al Alster
exterior. El edificio del consulado británico
está rodeado por un frondoso jardín.

*M*ultikulturell geht es auf diesem Markt an der Langen Reihe zu. Bei der Weihe der Glocken des Mahnmals Nikolaikirche waren Hamburger Schüler aus vielen Nationen beteiligt.

*T*he multicultural bustle of the market-place at Lange Reihe. School pupils from many nations took part in the consecration ceremony for the memorial bells of St. Nicholas' Church.

L'ambiance est multiculturelle sur ce marché sur la Lange Reihe. De nombreux élèves de Hambourg provenant de nombreuses nations ont participé à l'inauguration des cloches du monument de l'église St. Nicolas.

*A*mbiente multicultural en este mercado en la Lange Reihe. En la bendición de las campanas de la iglesia Nicolai, que sirve de recuerdo participaron escolares hamburgueses de muchas naciones.

Fleete, Kanäle und Brücken bestimmen das Bild in der Nähe des Freihafens.

Canals and bridges determine the look of the scenery around the Free Port.

Les canaux et les ponts déterminent l'aspect au voisinage du port Franc.

Los canales y los puentes definen la imagen en las cercanías del puerto franco.

Spaziergänge und Ausflüge:
Ziele in Stadt und Umgebung

Zwei Herren im dunklen Zweireiher, in der einen Hand das Handy, in der anderen den Aktenkoffer aus edlem Leder, überqueren eilig den Adolphsplatz und streben der Börse zu. Sehr viel weniger zielstrebig schlendert ein offenbar ortsfremdes Pärchen über den Platz. Mit Interesse betrachten die beiden die Fassade des Börsengebäudes, bevor sie den Rathausmarkt erreichen. In der Mitte des großen Platzes steht ein Saxophonist, der die „Rhapsody in Blue" intoniert. Ein paar junge Leute sitzen unter bunten Flaggen auf der Treppe zum Alsterfleet, dösen in der Sonne, die gerade mal zwischen zwei Wolken hervorlugt, füttern die Schwäne und bestaunen die strahlendweißen Alsterarkaden.

In Hamburgs Innenstadt geht es nicht nur geschäftig zu, hier macht die Stadt auch Lust zum Flanieren und Spazieren: Das Auge kann sich nicht sattsehen an den Aus- und Durchblicken auf die Fleete, den Auslagen der noblen Geschäfte am Neuen Wall, der florentinisch anmutenden Alten Post und dem Treiben auf dem Gänsemarkt zu Füßen des Lessing-Denkmals. Von hier aus ist es nicht weit zu Planten un Blomen, Hamburgs zentral gelegenem Park, dessen Namen nur entschlüsseln kann, wer über Grundkenntnisse im Niederdeutschen verfügt: Planten un Blomen heißt nämlich Pflanzen und Blumen, und von beidem gibt es auf dem Areal zwischen Millerntorplatz, Stephansplatz und Fernsehturm wahrhaftig genug. Gewächshäuser mit exotischen Pflanzen, üppige Blumenrabatten und seltene Gehölze sind hier ebenso zu finden wie eine Rollschuhbahn, Kinderspielplätze und ein Japanischer Ziergarten.

Größer noch als Planten un Blomen ist der Stadtpark, der 1912 bis 1914 angelegt wurde. Oberbaudirektor Fritz Schumacher und Kunsthallen-Direktor Alfred Lichtwark, die die Konzeption entwickelt hatten, ging es um eine vielfältig zu nutzende Freizeitanlage. So finden sich hier Spiel- und Sportplätze, das Planetarium, Liegewiesen, eine Freilichtbühne und manches andere.

Doch wenden wir uns noch einmal zurück zur Innenstadt. Hier, am Jungfernstieg, liegen die weiß-roten „Dampfer" der Alsterflotte, die zu Ausflügen einladen. Vom Wasser her läßt sich die Stadt auf besonders reizvolle Weise erleben. Langsam fährt das flachgebaute Schiff unter Lombards- und Kennedybrücke hindurch und nimmt Kurs auf die Mitte der Außenalster. Von hier aus präsentiert sich die Stadt als faszinierende Architektur-Inszenierung: An den Ufern leuchten die von üppigem Grün umgebenen Villen in hellen Farben, im Hintergrund staffelt sich die Dachlandschaft, die von den Türmen steil überragt wird. Fährt man dagegen durch die Alsterkanäle und weiter aufwärts in die Dove-Elbe durch die Marschlande nach Bergedorf, mutet das hektische Treiben der Millionenstadt schon entrückt und fast unwirklich an. Der Ausflug führt uns durch idyllische Landschaften, weit

beugen sich alte Bäume über die stillen Wasserflächen, in denen sich von Zeit zu Zeit malerische Bauernhäuser spiegeln. Das älteste und schönste Haus ist das aus dem 16. und frühen 17. Jahrhundert stammende Rieck-Haus in Curslack. Das reetgedeckte Fachwerkhaus ist heute als Museum zugänglich. Malerisch mutet auch das Bergedorfer Schloß an, das auf eine Wasserburg aus dem 13. Jahrhundert zurückgeht und heute das sehenswerte Museum für Bergedorf und die Vierlande beherbergt.

Südlich des Elbtunnels, spottet mancher hochmütige Hamburger, beginne der Balkan. Das ist ebenso falsch wie ignorant, denn am jenseitigen Ufer der Elbe erstreckt sich eines der reizvollsten und beliebtesten Ausflugsziele der Hansestadt: das Alte Land. Vor allem zur Zeit der Obstblüte ist das Gebiet hinter den Elbdeichen von berückender Schönheit. Auf rund 14 000 Hektar stehen hier mehr als drei Millionen Obstbäume, deren Blüten in Weiß und zartem Rosa leuchten. Fachwerkhäuser mit breitem Giebel und geschnitztem Fassadenschmuck zeugen von jahrhundertealter bäuerlicher Kultur. Typisch sind die großen hölzernen Prunkpforten am Eingang der Höfe, die oft mit Sprüchen und Bildern verziert sind. In der Gemeinde Jork befindet sich das Museum Altes Land, in dem man sich über Geschichte und Brauchtum informieren kann. Das Rathaus, ein schmucker Backsteinklinkerbau mit weiß leuchtendem Fachwerk, stammt aus dem 17. und 18. Jahrhundert.

Es ist aber noch ein anderes Ziel, das auf der Ausflugsliste von Hamburg-Besuchern meistens ganz oben steht: das Fährhaus Schulau. Besteigen wir also an den St.-Pauli-Landungsbrücken ein Schiff und fahren elbabwärts, vorbei am alten Fischmarkt, an den Schiffs-Oldtimern, die im Museumshafen Övelgönne vor sich hindümpeln, vorbei auch an dem einstigen Dorf Blankenese. Wenn unser Schiff schließlich Schulau erreicht, nimmt man davon keine Notiz. Um von der Schiffsbegrüßungsanlage, dem Willkommhöft am Schulauer Fährhaus, überhaupt ernst genommen zu werden, bedarf es nämlich mindestens 500 Bruttoregistertonnen. Gerade kommt ein riesiges Containerschiff aus Richtung Nordsee elbaufwärts gefahren. Auf einem Ponton, der eine riesige Lautsprecheranlage trägt, erklingt ein Motiv aus dem „Fliegenden Holländer" und anschließend die Nationalhymne der Bahamas, wo der Ozeanriese registriert ist: „Willkommen im Hamburger Hafen" tönt es voller Pathos über die Elbe, während an einem Mast am Ufer die Flaggen gedippt werden. Im Inneren der Ausflugsgaststätte Fährhaus Schulau, dessen Wirt einst die Idee für die Schiffsbegrüßungsanlage hatte, läßt sich sogar über eine Lautsprecheranlage erfahren, auf welcher Werft das jeweilige Schiff gebaut wurde, wo es registriert ist, woher es gerade kommt und was es geladen hat. Kaffee und Kuchen muß man zwar bezahlen, jede Menge Fernweh gibt es hier aber gratis dazu.

Matthias Gretzschel

Walks and Excursions:
Places to go in the City and Surrounding Area

Two gentlemen in dark, double-breasted suits, a handy in one hand, a classy leather briefcase in the other, hurry across Adolphsplatz on their way to the stock exchange. A couple who are obvious strangers to the city stroll aimlessly across the same square. They study the facade of the stock exchange building with interest before reaching the market-place at the Town Hall. At the centre of that large square, a saxophonist intones "Rhapsody in Blue". A group of young people sit under a colourful array of flags, on the steps leading to Alsterfleet, dosing in the sun which occasionally peeps out between two clouds, feeding the swans and admiring the gleaming white Alster Arcades.

Hamburg's city centre is not only such a busy place, this is where the city invites you to wander around, take a stroll: a myriad of sights delight the eye, a fleeting glimpse of the canals espied between two buildings, the wares of the exclusive shops on Neuer Wall, the Florentine charm of the old post office and the hustle and bustle of the Gänsemarkt at the foot of the Lessing statue. From here, it is only a stone's throw to "Planten un Blomen", Hamburg's central park. The name can be decoded only by those with a smattering of Low German: "Planten un Blomen" translates into standard German as Pflanzen und Blumen – or plants and blooms, both of which abound on this area between Millerntorplatz, Stephansplatz and the TV Tower. Greenhouses with exotic plants, luxuriant herbaceous borders and rare shrubs can be found here as well as a roller-skating rink, children's play-grounds and a Japanese ornamental garden.

Even more extensive than Planten un Blomen is the Stadtpark, which was planned and built between 1912 and 1914. Clerk of works Fritz Schumacher and art gallery director Alfred Lichtwark, who had drawn up the plans, aimed to create a multi-purpose recreational area. Accordingly, the park includes play areas and sports fields, a planetarium, sunbathing lawns, an amphitheatre and much more.

But now let's get back to the city centre. The red and white Alster "steamers" are tied up here at Jungfernstieg, inviting passers-by to come aboard and take a pleasure trip on the lake. The flat boat slowly passes underneath the Lombard and Kennedy Bridges, heading for the middle of the Outer Alster, the vast lake which affords a splendid view of the city in all its architectural fascination. Along the banks, the pale-coloured villas are resplendent amidst their verdant surroundings, while in the background, the towers of the city soar above the jagged roofscape. But to those who opt for a trip along the Alster canals, upstream into the Dove-Elbe and through the marshes to Bergedorf, the hectic bustle of the metropolis seems far removed, virtually unreal. Our excursion takes us past idyllic scenery, where ancient trees stoop

over still waters in which picturesque farmhouses are reflected from time to time. The oldest and most beautiful of these is the "Rieck-Haus" in Curslack, which dates back to the 16th and early 17th century. This thatched half-timbered house is now a museum. Another pittoresque feature is Bergedorf Castle, originally a moated castle in the 13th century and now home to the "Museum of Bergedorf and the Vierlande" which is worth a visit.

South of the Elbe Tunnel, so ridicules many an arrogant Hamburger, is where the Balkans begin. That is just as false as it is ignorant, for on the far bank of the Elbe lies one of the most charming and popular destinations for outings from the city: Altes Land, or the "Old Country". This area behind the Elbe dykes is stunningly beautiful, especially when the orchards are in bloom. In spring, the delicate pink and white blossom of more than three million fruit trees can be seen over an area of more than 14,000 hectares. Half-timbered houses with wide gables and ornamental carvings on the facades testify to centuries of farming culture. Typical of these houses are the enormous fancy wooden gates at the entrance to the farms, often decorated with pictures and aphorisms. The community of Jork is home to the "Altes Land" Museum, which provides information on the history and traditions of the area. The Town Hall, a smart brick building with brilliant white timbers, dates back to the 17th and 18th centuries.

But it is usually a different destination which comes top of the list when visitors to Hamburg set off on an outing: Schulau ferry house. So let us embark at the St. Pauli jetty and go downstream, past the old fish market, the vintage ships bobbing idly in Övelgönne museum harbour, past the erstwhile village of Blankenese. When our boat finally arrives at Schulau, nobody takes any notice of us at all. To be taken seriously by the Willkommhöft, the ships' welcoming system at Schulau ferry house, a vessel has to have at least 500 registered tons. at the moment, a huge container ship is sailing up the Elbe from the North Sea. From a pontoon bearing an enormous loudspeaker system, we can hear a tune from the Flying Dutchman, followed by the national anthem of the Bahamas, where this ocean giant is registered. "Welcome to Hamburg harbour", rings out over the Elbe, full of pathos, while on a mast on the bank flags are dipped in greeting. Inside the Schulau ferry house restaurant, whose landlord was responsible for the idea of the welcoming system, a loudspeaker informs guests where the ship was built, where it is registered, its last port of call and what cargo it is carrying. You may have to pay for your coffee and cake, but it comes with a generous helping of wanderlust.

Matthias Gretzschel

*Ein Park inmitten der Stadt:
Planten un Blomen ist ein riesiges grünes
Areal für Spaziergänger.*

*A park at the heart of the city:
Planten un Blomen is a giant green
area for strollers.*

*Un parc au centre de la ville:
Planten un Blomen est une aire de verdure
gigantesque pour des promeneurs.*

*Una parque en medio de la ciudad:
Planten un Blomen es una enorme
superficie verde para paseantes.*

*P*hantasievolle Wasserspiele:
ein Brunnen in Bergedorf.

*F*antastic aquatic attractions:
a fountain in Bergedorf.

*J*eux d'eau pleins d'imagination:
une fontaine à Bergedorf.

*J*uegos de agua llenos de fantasía:
una fuente en Bergedorf.

Promenades et excursions :
buts dans la ville et l'environnement

*D*eux hommes en complet croisé sombre, tenant le téléphone portable dans une main, l'attaché-case en cuir noble dans l'autre, traversent à la hâte la place Adolphsplatz et se dirigent vers la Bourse. Beaucoup moins pressé d'arriver à son but, un couple apparemment étranger à la localité traverse la place. Ils regardent avec intérêt la façade du bâtiment de la Bourse avant d'atteindre la place du Rathausmarkt. Au centre de la grande place, il y a un saxophoniste qui entonne la «Rhapsody in Blue». Quelques jeunes gens sont assis sous des fanions multicolores sur l'escalier menant à l'Alsterfleet, somnolent au soleil qui fait le guet justement entre deux nuages, donnent à manger aux cygnes et regardent avec étonnement les arcades de l'Alster d'un blanc rayonnant.

Dans le centre-ville de Hambourg, non seulement on fait des affaires, mais en plus la ville donne envie de flâner et de se promener : l'oeil ne se lasse pas des perspectives et des échappées sur les canaux navigables, les étalages des commerces nobles dans le Neue Wall, l'Ancienne Poste au charme florentin et l'animation sur le Gänsemarkt aux pieds du monument de Lessing. A partir de là, il n'y a pas loin jusqu'au «Planten un Blomen», parc situé au centre de Hambourg, il y a des plants et fleurs suffisamment sur l'aire entre la place Millerntorplatz, la place Stephansplatz et la tour de télévision. A cet endroit, on peut trouver des serres avec des plantes exotiques, des bordures de fleurs luxuriantes et de rares bosquets de même qu'une piste pour patins à roulettes, des aires de jeux pour les enfants et un jardin d'agrément japonais.

Le Stadtpark (parc municipal), qui a été créé de 1912 à 1914, est encore plus grand que le Planten un Blomen. Pour le directeur de la superstructure Fritz Schumacher et le directeur du Musée des Beaux-Arts Alfred Lichtwark, qui avaient développé la conception, il s'agissait d'une installation de loisir à utilisation multiple. Ainsi, on trouve ici des aires de jeux et des terrains de sport, un planétarium, des pelouses, un théâtre de plein air et bien d'autres choses.

Cependant, nous retournons une nouvelle fois vers le centre-ville. Ici, près de l'artère de la Jungfernstieg, on trouve les «paquebots» peints en rouge et blanc de la flotte de l'Alster, qui invitent à des excursions. Lentement, le bateau de construction basse passe sous les ponts Lombardsbrücke et Kennedybrücke et fait route vers le centre de la Aussenalster. De là, la ville se présente comme une mise en scène fascinante d'architecture : sur les rives, les villas entourées de verdure luxuriante resplendissent dans des couleurs claires, et à l'arrière-plan s'échelonne le paysage de toits qui est dominé de façon plongeante par les tours. En revanche, si l'on navigue à travers les canaux de l'Alster et si l'on remonte vers Bergedorf en entrant dans la Dove-Elbe et en traversant la

région des Marsch, l'animation fébrile de la ville d'un million d'habitants semble déjà absente et presque irréelle. L'excursion nous conduit dans des paysages idylliques, les vieux arbres se plient largement au-dessus des surfaces d'eau calmes où des maisons de paysans pittoresques se reflètent de temps en temps. La maison la plus ancienne et la plus belle est la «Rieck-Haus» à Curslack qui date du 16è siècle – début du 17è siècle. La maison à colombage couverte de roseau est accessible aujourd'hui en tant que musée. Le château de Bergedorf donne une impression pittoresque, remonte à un château d'eau datant du 13è siècle et hérberge aujourd'hui le «Musée pour Bergedorf et la région de Vierlande» qui vaut la peine d'être vu.

Plus d'un Hambourgeois orgueilleux dit en se moquant que les Balkans commencent au sud du Tunnel de l'Elbe. Ce propos est tout autant une erreur qu'une preuve d'ignorance, car sur la rive opposée de l'Elbe s'étend le «Alte Land», un des buts d'excursion les plus charmants et les plus aimés de la ville hanséatique. La région située derrière les digues de l'Elbe est d'une beauté fascinante surtout lors de la floraison des arbres fruitiers. Sur environ 14.000 hectares, on trouve ici plus de trois millions d'arbres fruitiers dont les fleurs resplendissent en blanc et en rose tendre. Les maisons à colombage avec large pignon et une décoration de façade sculptée témoignent d'une culture paysanne séculaire. Les grandes portes de parade en bois à l'entrée des cours, qui sont souvent décorées avec des sentences et des gravures, sont caractéristiques. Dans la commune de Jork se trouve le Musée Altes Land où l'on peut s'informer sur l'histoire et les coutumes. L'hôtel de ville, une construction coquette en brique cuite avec un colombage d'un blanc éclatant, date du 17è siècle et du 18è siècle.

Cependant, il y a encore un autre but d'excursion qui se trouve généralement tout en haut sur la liste des excursions pour les visiteurs de Hambourg : le Fährhaus Schulau. Montons donc dans un bateau à la gare fluviale de St. Pauli, descendons l'Elbe, passons devant l'ancien marché aux poissons, devant les anciens modèles de bateau qui se trouvent dans le port-musée de Övelgönne, et également devant l'ancien village de Blankenese. Lorsque notre bateau atteint enfin Schulau, on n'y fait pas attention. Pour être pris au sérieux du reste par le «poste de salut aux navires», le Willkommhöft près du Schulauer Fährhaus, il faut en effet au moins 500 tonnes de jauge brute. Un navire porte-conteneurs gigantesque venant de la Mer du nord remonte justement l'Elbe. Sur un ponton portant un haut-parleur géant retentissent un thème du Vaisseau Fantôme et ensuite l'hymne national des Bahamas où est enregistré le transatlantique : «Bienvenue dans le port de Hambourg», entend-on avec plein de pathétique sur l'Elbe, tandis qu'on salue avec des pavillons sur un mât sur la rive. A l'intérieur de la guinguette Fährhaus Schulau, dont le patron eut un jour l'idée du poste de salut aux navires, on peut même apprendre par un haut-parleur sur quel chantier le bateau concerné a été construit, où il est enregistré, d'où il vient précisément et ce qu'il a chargé. Le café et le gâteau doivent être certes payés, mais on a en plus gratuitement la nostalgie des pays lointains.

Matthias Gretzschel

Paseos y excursiones:
destinos en la ciudad y alrededores.

Dos señores vestidos con trajes cruzados, con un teléfono móvil en una mano y un maletín de piel noble en la otra, cruzan a toda prisa la Adolphsplatz en dirección a la bolsa. Mientras, una parejita claramente forastera pasea sin rumbo fijo por la plaza. Antes de llegar a la plaza del ayuntamiento se paran a contemplar la fachada del edificio de la bolsa. En el centro de la plaza, un saxofonista entona „Rapsodia en azul". En la escalera que conduce al canal Alster hay algunos jóvenes sentados bajo banderas multicolores, disfrutando del sol que de vez en cuando asoma entre nube y nube, dando de comer a los cisnes y admirando las arcadas Alster de un blanco reluciente.

En el centro de Hamburgo no todo es ajetreo, sino que aquí la ciudad también invita a callejear y pasear: uno nunca se cansa de contemplar el panorama y las aguas de los canales, los escaparates de los dignos comercios de Neuer Wall, el antiguo edificio de correos de aire florentino y la animación de Gänsemarkt a los pies del monumento a Lessing. No muy lejos se encuentra el parque „Planten un Blomen" situado en pleno corazón de Hamburgo, y cuyo nombre en bajo alemán significa plantas y flores; y en verdad, este parque situado entre la Millerntorplatz, la Stephansplatz y la torre de televisión hace honor a su nombre por la abundancia de plantas y flores que en él pueden admirarse. Además de invernaderos de plantas exóticas, exuberantes parterres de flores y árboles y arbustos raros, también hay una pista de patinaje sobre ruedas, parques infantiles y un jardín ornamental japonés.

Más grande todavía que el parque Planten und Blomen es el Stadtpark, creado de 1912 a 1914. Sus diseñadores Fritz Schumacher, director de construcciones y Alfred Lichtwark, director de la Kunsthalle, pretendían crear una zona de ocio para múltiples usos, por lo que aquí pueden encontrarse zonas de juegos y deportes, un planetario, prados para tumbarse, un escenario al aire libre y mucho más.

Pero volvamos al centro de la ciudad, donde en el Jungfernstieg están amarrados los „barcos de vapor" pintados de blanco y rojo pertenecientes a la flota del Alster, que invitan a hacer excursiones. Los barcos de construcción plana cruzan lentamente por debajo de los puentes Lombard y Kennedy poniendo rumbo hacia el centro del Alster exterior. Desde aquí la ciudad presenta una fascinante puesta en escena arquitectónica: en las orillas resplandecen las villas de colores luminosos rodeadas de frondosa vegetación, mientras que al fondo se extiende el paisaje formado por los tejados y las torres que sobresalen.

Por el contrario si navega por los canales del Alster y río arriba por el Dove-Elba atravesando el Marschlande en dirección a Bergedorf, la frenética actividad de una ciudad habitada por millones de personas, se desvanece hasta que parece una ilu-

sión. La excursión nos conduce por paisajes idílicos, con viejos árboles que se inclinan hasta rozar con sus ramas las tranquilas aguas, en las que de vez en cuando se reflejan pintorescas granjas. La más antigua y la más hermosa, la casa „Rieck", data de finales del XVI-principios del XVII en Curslack. Esta casa con paredes entramadas y tejado de caña actualmente es un museo. El castillo de Bergedorf construido sobre una fortaleza rodeada por agua del siglo XIII parece también sacado de un cuadro y actualmente acoge el museo de Bergedorf y de Vierlande.

„Al sur del túnel del Elba empiezan los Balcanes" declaran con ironía algunos habitantes de la ciudad, que pecan de ignorancia, ya que a la otra orilla del Elba se extiende uno de los lugares preferidos por muchos de sus conciudadanos para hacer excursiones: el Altes Land. Especialmente cuando los árboles frutales están en flor esta zona situada tras los diques del Elba es de una belleza impresionante. Sobre una superficie aproximada de 14.000 hectáreas crecen más de tres millones de árboles frutales, cuyas flores de suave color blanco y rosa resplandecen. Las casas con paredes entramadas, anchos frontispicios y adornos tallados dan testimonio de una cultura rural de cientos de años. Son típicas las grandes puertas de madera a la entrada del patio que a menudo están decoradas con proverbios e imágenes. En el municipio de Jork se encuentra el museo Altes Land donde puede informarse sobre la cultura y las costumbres. El ayuntamiento, un hermoso edificio de ladrillos recocidos con un entramado de vigas de reluciente color blanco, data del siglo XVII y XVIII.

No obstante, el destino turístico preferido por los visitantes de Hamburgo es otro: la fonda Fährhaus Schulau. Subamos a bordo de un barco en los embarcaderos de San Pauli y naveguemos río abajo pasando por delante del antiguo mercado de pescado, los antiguos navíos que pueden verse en el puerto museo Övelgönne y por delante del antiguo pueblo Blankenese. Cuando finalmente nuestro barco arriba a Fährhaus Schulau, a nadie le llama la atención. El barco ha de ser como mínimo de 500 toneladas brutas para causar expectación entre los encargados de dar la bienvenida. Precisamente ahora se aproxima un enorme buque contenedor remontando el río procedente del Mar del Norte. Sobre un pontón con una enorme instalación de altavoces resuena una melodía del "Buque Fantasma" y a continuación el himno nacional de Bahamas, donde el coloso del océano está registrado: „Bienvenidos al puerto de Hamburgo" se oye por el Elba, mientras que desde la orilla se saluda con banderas en un mástil. En el interior del merendero fonda Fährhaus Schulau, cuyo patrón fue el que tuvo la idea de saludar a los barcos, un altavoz informa incluso de en qué astillero fue construido el barco, dónde está registrado, de dónde procede y qué carga transporta. Aunque el café y la porción de pastel haya que pagarlos, la nostalgia está asegurada, y gratis.

Matthias Gretzschel

Die Johanniskirche mit ihrem eigentümlichen Turmhelm bildet den Mittelpunkt des bereits 1217 urkundlich erwähnten Vierländer Dorfes Curslack.

The peculiar helmet tower of St. John's Church is the focal point of Vierlande village Curslack, mentioned in a deed dated 1217.

L'église St-Jean avec son singulier casque de tour constitue le centre du village de Curslack des «Vierländer» qui fut mentionné dès 1217 dans un document.

La iglesia de San Juan con la distintiva cúpula del campanario está situada en el centro de la aldea Curslack en Vierlande que consta en documentos desde 1217.

*D*er prächtig verzierte Giebel eines Bau-
ernhauses im Alten Land, einer Gegend,
die ebenso zu den beliebten Hamburger
Ausflugszielen zählt wie das strahlend
weiß in der Landschaft stehende Schloß
Ahrensburg.

*T*he richly decorated gable of a farmhouse
in the Alte Land, one of the many popular
daytrip destinations from Hamburg that
also include Schloss Ahrensburg, gleaming
white from afar.

*F*ronton magnifiquement décoré d'une
ferme du «Altes Land» une région préferée
pour les excursions des Hambourgeois,
comme aussi le paysage autour du
Château blanc d'Ahrensburg.

*F*rontispicio espléndidamente trabajado
de una casa de campo en Altes Land, una
zona en los alrededores de Hamburgo,
un destino popular para excursiones desde
la ciudad, tanto como el brillantemente
blanco Palacio de Ahrensburg (Schloss
Ahrensburg).

Ein Finkenwerder Fischer hängt Mai-schollen zum Trocknen auf die Leine. Der Großstadt gänzlich entrückt fühlt man sich bei einer Bootspartie auf dem Alsteroberlauf. Bergedorf, das heute zu Hamburg gehört, hat viele malerische Winkel.

A Finkenwerder fisherman hangs up his fresh plaice to dry. On a boat cruise along the upper Alster the busy city seems very far away. Bergedorf, today a part of Hamburg, boasts many picturesque corners.

Un pêcheur de Finkenwerder fait sécher des carrelets de mai sur une corde. On oublie totalement le centre-ville en faisant du bateau sur le cours supérieur de l'Alster. Bergedorf, aujourd'hui un quartier du Hambourg, comporte beau-coup d'endroits pittoresques.

Un pescador de Finkenwerder cuelga sollas para secar. Uno se siente comple-tamente lejos de la gran cuidad al salir en barca por la parte alta del Alster. Bergedorf, hoy en día un barrio de Ham-burgo, tiene muchos rincones pintorescos.

*V*on den reichverzierten Altländer Prunkpforten sind nur noch wenige Exemplare
erhalten geblieben. Malerisch spiegelt sich
die Fassade eines Fachwerkhauses im
stillen Wasser des Alsteroberlaufs.

*O*nly a few specimens of these
magnificent farmhouse gates can still
be seen today. The picturesque facada of
a half-timbered house is reflected in the
still waters of the Upper Alster.

*I*l ne reste que quelques exemplaires des
portes de parade richement décorées des
Altländer. La façade d'une maison à
colombage se refléte de facon pittoresque
dans l'eau calme du cours supérieur de
l'Alster.

*S*e han conservado pocos ejemplos de
las puertas ricamente adornadas del
Altes Land. La pintoresca fachada de una
casa con paredes entramadas se refleja
en las tranquilas agnas del Alster en su
curso superior.

Von außen schlicht, aber innen prachtvoll ausgeschmückt sind viele Dorfkirchen im Hamburger Umland. Die Dreieinig-keitskirche in Allermöhe (oben) hat ebenso eine Barockausstattung wie die St.-Martin- und St.-Nikolaus-Kirche in Steinkirchen bei Stade.

Many village churches on the outskirts of Hamburg are deceptively plain on the outside, but richly decorated inside. Holy Trinity Church in Allermöhe (top) has a baroque interior, just like St. Martin's and St. Nicholas' Churches in Steinkirchen near Stade.

De nombreuses églises de village dans les environs de Hambourg ont un aspect extérieur simple, mais sont superbement décorées à l'intérieur. L'église de la Trinité à Allermöhe (en haut) a également une décoration baroque comme les églises St-Martin et St-Nicolas à Steinkirchen près de Stade.

Muchas iglesias rurales de los alrededores de Hamburgo son sencillas por fuera, pero magníficas por dentro. La iglesia de la Santísima Trinidad en Allermöhe (arriba) posee una decoración barroca, como San Martín y San Nikolai en Steinkirchen junto a Stade.

*E*ine Barkassenfahrt auf der Speicherstadt ist besonders eindrucksvoll. Weit
über Hamburgs Grenzen hinaus ist
Hagenbecks Tierpark bekannt und
beliebt.

A trip on a launch along the warehouse
district is a thrilling experience.
Hagenbeck Zoo is famed and loved far
beyond the borders of Hamburg itself.

*D*ans une barcasse, une visite de la
«Speicherstadt» est particulièrement
impressionnante. Le Zoo Hagenbeck est
célèbre bien au-delà de Hambourg.

*U*n paseo en barcaza por la zona de los
almacenes (Speicherstadt) es especialmente
impresionante. Incluso lejos de Hamburgo
el Zoo Hagenbeck es conocido y apreciado.

Spaziergänge am Elbufer sind zu jeder Jahreszeit reizvoll und erholsam. Zeit muß man mitbringen, die Muße kommt von ganz allein, wenn auf dem Strom die Schiffe vorbeiziehen. Das am jenseitigen Ufer gelegene Stade (rechts) hat eine sehenswerte Altstadt.

Walks by the shores of the Elbe are delightful and refreshing at any time of year. One only needs to bring some time – the leisure mood will come all by itself when watching the boats go by on the river. Stade (right) on the far bank has an interesting old town.

En toutes saisons, les promenades au bord de l'Elbe ont beaucoup de charme. Il faut y prendre son temps. Les grands navires passant majestueusement sur le fleuve donnent une impression de calme et de sérénité. «Stade» situé sur l'autre rive a une vieille ville qui vaut la visite.

Los paseos a la orilla del Elba son interesantes y gratificantes en cualquier estación del año. Sólo hay que tener tiempo y la inspiración viene ella sola, cuando se ven pasar los barcos sobre el río. Stade, en la orilla opuesta, tiene un ciudad vieja digna de visitarse.

Mit ca. 180 Hektar ist der Stadtpark Hamburgs größte Grünanlage. Der markante ehemalige Wasserturm wird heute als Planetarium genutzt.

Hamburg's Stadtpark is the largest green area, with around 180 hectares. The striking former water tower is now a planetarium.

Avec environ 180 hectares, le parc municipal est le plus grand espace vert de Hambourg. L'ancien château d'eau est utilisé aujourd'hui comme planétarium.

Con casi 180 hectáreas el Stadtpark de Hamburgo es el parque más grande de la ciudad. La antigua torre de agua se utiliza actualmente como planetario.

Wenn das Schiff am Leuchtturm vorüberzieht, liegt Fernweh in der Hamburger Luft. Im Bergedorfer Schloß, einer um 1200 erstmals erwähnten ehemaligen Wasserburg, befindet sich das Museum für Bergedorf und die Vierlande.

When the ship passes the light-house, the atmosphere is charged with a longing for distant places. Bergedorf Castle, a former moated castle first mentioned around 1200, now houses Bergedorf and Vierlande Museum.

Lorsque le bateau passe devant le phare, de la nostalgie des pays lointains plane dans l'air de Hambourg. Le Musée pour Bergedorf et les Vierlande se trouve dans le château de Bergedorf, un ancien château d'eau mentionné pour la première fois aux environs de 1200.

Cuando el barco pasa por delante del faro, la atmósfera de Hamburgo se impregna de nostalgia. En el castillo de Bergedorf, una fortaleza acuática mencionada por primera vez en 1200, se encuentra el museo de Bergedorf y de Vierlande.

HAMBURG

Sehenswürdigkeiten:

1	Alsterarkaden	J5/6
2	Alsterpavillon	J 5
3	Alte Post	J 5
4	Altonaer Rathaus	G 6
5	Bahnhof Altona	G 5
6	Bark Rickmer Rickmers	I 6
7	Bismarck-Denkmal	I 6
8	Börse	J 6
9	Chilehaus	K 6
10	Congreß-Centrum	I/J 4/5
11	Dammtorbahnhof	J 4/5
12	Davidwache	H 6
13	Deichstraße	J 6
14	Elbbrücken	L 7
15	Fähr- und Kreuzfahrt-terminal	G 6
16	Fernmeldeturm (Heinrich-Hertz-Turm)	I 4
17	Grindelhochhäuser	I 3
18	Großneumarkt	I 6
19	Hauptbahnhof	K 5
20	Haus der Patriotischen Gesellschaft	J 6
21	Heine-Haus	F 6
22	Hirschpark	A 5
23	Horner Rennbahn	C 5
24	Hotel Atlantic	K 5
25	Hotel Hafen Hamburg	I 6
26	Hotel Vier Jahreszeiten	J 5
27	Jenischpark/Teufelsbrück	B 5
28	Johanneum	K 1
29	Jüdischer Friedhof Königstraße	G/H 6
30	Köhlbrandbrücke	B 6
31	Krameramtswohnungen	I 6
32	Kunsthochschule Lerchenfeld	M 4
33	Neuer Botanischer Garten	A/B 5
34	Nikolaifleet	J 6
35	Ohlsdorfer Friedhof	C 4/5
36	Peterstraße	I 6
37	Planetarium	K 1
38	Rathaus	J 6
39	Speicherstadt	J/K 6/7
40	Tropeninstitut	H/I 6
20	Trostbrücke	J 6
41	Überseebrücke, Cap San Diego	I 6/7
42	Gruner + Jahr Pressehaus	I 6
43	Zollenbrücke	J 6

Kirchen:

44	Apostelkirche	G 3
45	Christianskirche	F/G 6
46	Christuskirche	H 4
47	Iman Ali Moschee	K 3
48	Nienstedtener Kirche	A 5
49	St. Georg	K 5
50	St. Jacobi	K 6
51	St. Johannis	J 3
52	St. Johannis Altona	H 5
53	St. Johannis Eppendorf	J 1
54	St. Joseph	H 6
55	St. Katharinen	J 6
56	St. Michaelis	I 6
57	St. Nikolai (Ruine)	J 6
58	St. Nikolai (neu)	J 2
59	St. Petri	J/K 6
60	St. Trinitatis	H 6

Museen:

61	Alte Markthalle	K 6
62	Altonaer Museum	G 6
63	Deichtorhallen	K 6
64	Deutsches Zollmuseum	J/K 6
27	Ernst-Barlach-Haus	B 5
65	Privatmuseum	H 6
66	Geologisch-Paläonto-logisches Museum	I 4
67	Gewürzmuseum	J 6/7
68	Hamburger Museum für Archäologie und die Geschichte Harburgs (Helms-Museum)	B 6

27	Jenisch-Haus	B 5
69	Kunsthalle	K 5
70	Mineralogisches Museum	I/J 4
71	Museum für Hamburgische Geschichte	I 5/6
72	Museum für Kunst und Gewerbe	K 5/6
73	Museumshafen Övelgönne	E/F 6
74	Museum für Völkerkunde	J 4
75	Postmuseum	J 5
76	Puppenmuseum Falkenstein	A 5
77	Rieck-Haus Vierländer Freilichtmuseum	D 6
78	Zoologisches Museum	I 4

Theater:

79	Altonaer Theater	G 6
80	Deutsches Schauspielhaus	K 5
81	English Theatre	M 4
82	Ernst-Deutsch-Theater	L 4
83	Fabrik Altona	F 5
84	Fools Garden	H 4/5
86	Kampnagel-Fabrik	L 2
87	Kellertheater	I 5
89	Kleine Komödie	J 5/6
90	Komödie im Winterhuder Fährhaus	J 1
91	Musikhalle	I 5
92	Neue Flora	H 4
93	Neues Theater Hamburg	I 6
94	Ohnsorg-Theater	J 5
95	Operettenhaus	H/I 6
96	Piccolo-Theater	H 5
97	St. Pauli-Theater	H 6
98	Schiff	J 6
99	Schmidt/Schmidt's Tivoli	H 6
100	Staatsoper	J 5
101	Thalia-Theater	K 5/6
88	Theater für Kinder	G 5

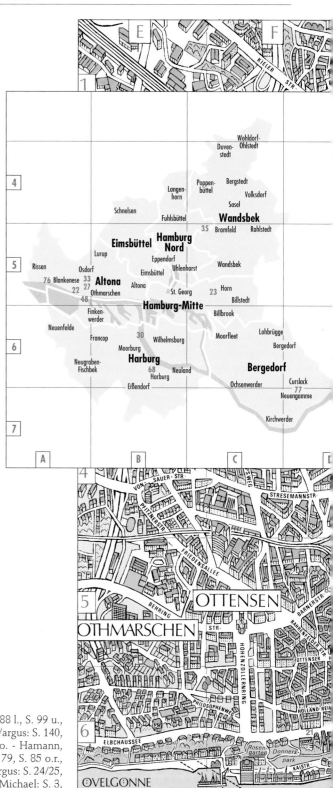

Bildnachweis:

Badekow, Holger: S. 70 o.l. - Bettinger: S. 74 o.r. - Bodig, Klaus: S. 16/17, S. 20/21, S. 59 o.l., S. 60 u., S. 75 o.l., S.78, S. 88 l., S. 99 u., S. 103, S. 105, S. 110 o.l., S. 114, S. 116, S. 132/133, S. 138, S. 147 o. - Brumshagen, Gunnar: S. 152 (2) - Frischmuth, Peter/argus: S. 140, S. 37 o. - Friedel, Matthias: Titelfoto, S. 39, S. 46/47, S. 110/111 - Gebler, Christoph: S. 40 o.r. + u., S. 46 l., S. 149 o. - Hamann, Kurt/NDR: S. 96 o.l. - Heyer, Silke S. 73 o. - Hytrek, Thomas: S. 9, S. 30, S. 39 l., S. 40 l., S. 54, S. 59 o.r., S. 75 u., S. 79, S. 85 o.r., S. 93, S. 96/97, S. 100/101, S. 115, S. 117, S. 118 o.r., S. 123 u., S. 124, S. 125 o., S. 127, S. 129, S. 144 o. - Janke, Reinhard/argus: S. 24/25, S. 110 u.l., S. 123 o., S. 145 o. - Laible, Andreas: S. 70/71, S. 75 o. r., S. 76 l., S. 130 - Moenkebild: S. 108 o. - Pasdzior, Michael: S. 3, S. 38 o., S. 41, S. 42, S. 44, S. 45, S. 53 o.r., S. 60 o.l. + r., S. 80, S. 81, S. 85 u., S. 87, S. 128, S. 137 o., S. 142 o., S. 145 u. - Rauhe, Michael: S. 152 (1) - Raupach, Thomas/argus: S. 36 o.r., S. 52 o.l., S. 59 u., S. 85 o.l., S. 95 o.r., S. 109 u., S. 122 o., S. 147 o.r. + u. - Rehder, Mathes: S. 152 (1) (privat) - Röhrbein, Ingo: S. 7, S. 14/15, S. 22/23, S. 38 u., S. 43, S. 52 r., S. 53 l., S. 57, S. 58 r., S. 62, S. 66, S. 67, S. 68, S. 69, S. 73 u., S. 76/77, S. 112/113, S. 118 u., S. 148, S. 152 (2), Rückentitel - Sawatzki, Ronald: S. 134 r., S. 152 (1) - Schröder, Mike/argus: S. 72 r., S. 94/95, S. 136 o. - Schwarzbach, Hartmut/argus: S. 56, S. 61 o., S. 63 o.r., S. 108 u.-, Schulze-Gattermann, Silke: S. 90 o. - Steffen, Dieter: S. 49 o.r., S. 55, S. 89 o.r., S. 92 - Steffens, Uwe: S. 34 (3), S. 35 (3), S. 36 o.l., S. 39 u.r., S. 48 u., S. 50/51, S. 106 l., S. 107, S. 109, S. 121 r., S. 126, S. 133 r., S. 134/135, S. 141, S. 144 u. - Vollert, Timm: S. 36 u., S. 48 o.r., S. 49 o.l., S. 49 u., S. 50 l., S. 61 u., S. 64/65 (2), S. 74 l., S. 88/89, S. 101 r., S. 113 o., S. 122 u., S. 125 o.l., S. 131 o., S. 136 u., S. 139, S. 146 o. - Walford, Elke: S. 82/83, S. 84 - Wallocha, Stephan: S. 6, S. 152 (1) - Zapf, Michael: S. 5, S. 8, S. 10, S. 11, S. 12/13, S. 18/19, S. 26/27, S. 28/29, S. 31, S. 32, S. 33, S. 37, S. 39 o.r., S. 46 o.r., S. 48 o. r., S. 58 o., S. 63 o.r., S. 67 o., S. 72 l., S. 74 u., S. 82 l., S. 86/87, S. 91, S. 98 o., S. 99, S. 102, S. 104, S. 106 o.r., S. 118 o.l., S. 119, S. 120/121, S. 125, S. 131 u., S. 137 u., S. 142, S. 143 (2), S. 146 u., S. 149 u., S. 152 (1)

Abdruck der aktualisierten „MERIAN-Karte" mit freundlicher Genehmigung des

Volker Albers
geboren 1954 in Hamburg, studierte nach kaufmännischer Ausbildung Literaturwissenschaft und Psychologie, arbeitete danach als freier Journalist für Zeitungen und Zeitschriften. Seit 1995 Feuilleton-Redakteur beim Hamburger Abendblatt.

Mathes Rehder
geboren 1933 in Rostock, Schule in Wandlitz, Meisterschule für das Kunsthandwerk (Gebrauchsgrafik) in Berlin-Charlottenburg, anschließend Volontär und Redakteur beim „Hamburger Echo", von 1966 bis 1998 Redakteur des Hamburger Abendblatts.

Susanne von Bargen
geboren 1950 in Hamburg, studierte Pädagogik und Germanistik. Nach dem Staatsexamen Volontariat bei der Tageszeitung „Die Welt". Seit 1979 Redakteurin beim Hamburger Abendblatt mit den Schwerpunkten Hamburger Politik und Städtebau.

Helmut Söring
geboren 1937 in Berlin, Ausbildung als Cellist, Studium Musikwissenschaft, Theaterwissenschaft, Germanistik, Jazzmusiker (Baß), seit 1965 Journalist, seit 1983 Feuilleton-Chef des Hamburger Abendblatts.

Hans-Juergen Fink
geboren 1953 in Wiesbaden, studierte Germanistik, Geschichte, Politologie, Pädagogik; Lehramts-Staatsexamen in Hamburg. Journalist seit 1969, kam 1980 zum Abendblatt, leitet seit 1992 das Wochenend-Journal.

Günter Stiller
geboren 1931 in Durmersheim/Baden, studierte in Aachen Zeitungswissenschaft, startete als Polizeireporter bei den „Aachener Nachrichten", arbeitete als Chefreporter weltweit für „Bild am Sonntag" und war in der gleichen Funktion beim Abendblatt tätig.

Impressum:

Copyright © 1996, 2000
by Hamburger Abendblatt
Axel Springer Verlag AG
Axel-Springer-Platz 1
D-20350 Hamburg
Telefon: 040-34 72 22 72
Fax: 040-34 71 22 72
e-mail: abendblatt-buecher@asv.de
Online: www.abendblatt.de

Redaktion:
Dr. Matthias Gretzschel,
Helga Obens

Betreuung der fremdsprachigen
Texte: Herta Kadner
Gestaltung und Herstellung:
Peter Albers
Satz und Lithographie:
Albert Bauer KG, Hamburg
Druck und Bindearbeiten:
Media-Print, Paderborn

Printed in Germany

ISBN 3-921305-78-0

Matthias Gretzschel
geboren 1957 bei Dresden, studierte nach einer Buchhändlerlehre an der Leipziger Universität evangelische Theologie. 1988 Promotion, anschließend Tätigkeit als freier Journalist in Leipzig. Seit 1990 Redakteur beim Abendblatt-Feuilleton.

Elisabeth Stimming
geboren 1952 in Hamburg, nach einer Buchhändlerlehre Studium der Anglistik, Amerikanistik und Kunstgeschichte, Magister Artium, anschließend Volontariat in einer PR-Agentur, 1986 als freie Mitarbeiterin zum Abendblatt, seit 1989 Redakteurin.

Hermann J. Olbermann
geboren 1957 in Düsseldorf, studierte Politische Wissenschaften in Hamburg und besuchte danach die Deutsche Journalistenschule in München, arbeitete danach in Köln und ist seit 1990 beim Hamburger Abendblatt.

Barcos y chips
El centro económico

Todavía existen: los estibadores. Como sus antepasados hace más de cien años sacan cajas y sacos del interior de los barcos que amarran en el puerto de Hamburgo. Aquí, en el mayor puerto de Alemania y segundo de Europa trabajan alrededor de 550 estibadores. Muchos ya lo han dejado, otros se irán pronto y un día, según los ejecutivos del puerto, tendrá que despedirse el último de ellos. Cada vez más barcos cargan las mercancías en contenedores. Estos se cargan más rápido y, sobre todo, más económicamente con grúas. "Time is money", sobre todo en la navegación, sobre todo en Hamburgo. También pertenecen al pasado los tiempos en los que los marineros de los cargueros paseaban por San Pauli mientras se descargaban sus barcos.

Sin embargo, hay algo que no ha cambiado: El puerto sigue siendo el corazón de la economía de Hamburgo.Da trabajo a 140.000 personas, desde el estibador a la agencia de expedición y el ejecutivo de logística. La ciudad hanseática ofrece más de 700.000 puestos de trabajo. Alrededor de 12.000 barcos ponen anualmente rumbo a Hamburgo, el 70% desde otras ciudades europeas, casi el 11% desde Asia y un 8% desde Africa y América, respectivamente. Los barcos de Africa y América son los más grandes. Traen más mercancías al puerto de Hamburgo que los demás. Así, casi el 40% de la carga proviene de Asia. Tanto no llega del resto de Europa. Hamburgo es el cruce en Europa para Asia. Sobre todo desde la apertura de los países del Este. Partiendo de Hamburgo la mercancía de ultramar no llega sólo a Munich o Berlín, sino también a Praga y Varsovia, a Estocolmo y Copenague. Además de los 12.000 barcos de alta mar, llegan anualmente a Hamburgo otros tantos barcos de la navegación fluvial. Casi 24.000 barcos anuales, un promedio de más de 65 barcos diarios, incluyendo Navidad y Pascua. Y cuando vuelven a zarpar, pasan por delante de Blohm + Voss y Sietas, los dos últimos astilleros importantes de Hamburgo. Sietas fue fundado en 1635, en medio de un terreno con árboles frutales, por Carsten Sietasch. Todavía pertenece a la familia Sietas cuyo nombre se escribía con "sch" hasta finales del siglo XVIII. El astillero Blohm + Voss pertenece desde hace tiempo al grupo Krupp-Thyssen.

El ejecutivo de seguros Ernst Voss y el ingeniero naval Hermann Blohm empezaron a construir los astilleros en 1877. Entre sus clientes más importantes contaron pronto los armadores que todavía hoy existen, Hamburg-Süd y Hapag, que fue fundada en 1847 por Albert Ballin y ya en 1914 era el mayor armador del mundo. En 1970 se unió a la empresa Lloyd del Norte de Alemania de Bremen, y nació Hapag-Lloyd. Un nombre que hoy puede leerse en muchos cargueros, contenedores, aviones y agencias de viajes. Una marca, que todavía hoy tiene el eslogan: "Mi campo es el mundo". Hamburgo debe su posición como domicilio más importante de la industria de la aviación a Walther Blohm, el hijo del fundador de los astilleros, Hermann Blohm. Después de la Primera Guerra Mundial, Walther Blohm se hizo cargo del astillero de su padre, pero ya empezó a construír aviones en 1932. En 1936 fundó una fábrica de aviones, lo que representó el nacimiento del grupo Messerschmitt-Bölkow-Blohm, que actualmente pertenece a la Dasa, la empresa de aviación del grupo Daimler-Chrysler. Todavía hoy se montan aviones en Finkenwerder: los airbus. Y en el aeropuerto de Hamburgo-Fuhlsbüttel, Lufthansa tiene un gran taller para el mantenimiento y la reparación de aviones de todas las grandes marcas.

Muchas empresas importantes tienen una sucursal en Hamburgo. No hay otra ciudad en Alemania que acoja a tantas filiales de empresas como Hamburgo. Los grandes consorcios internacionales del petróleo están representados aquí, así como, Phillips y Siemens. Phillips incluso produce chips en Hamburgo. Muchas empresas locales son conocidas mundialmente y tienen algo en común: Deben su fundación al espiritu aventurero de jóvenes y valientes ejecutivos.

Así el farmacéutico Paul Beiersdorf junto con el catedrático P.G. Unna fundó en el año 1892 la fábrica Beiersdorf, que inventó el esparadrapo y la no menos importante crema Nivea y el Tesa-Film. Los hermanos Albert y Louis Cohen fundaron la empresa de gomas "Phoenix", que hoy es un suministrador muy importante para la industria automovilística. Hans Still fundó en 1920 la fábrica Still que hoy es, junto a la empresa competidora y también hamburguesa Jungheinrich, el más conocido fabricante de carretillas elevadoras. La cervecería Holsten, la más grande y famosa de Hamburgo, se creó en 1879 como sociedad anónima.

Después de la Segunda Guerra Mundial empezó otra ola de nuevas fundaciones. El ingeniero de Dresden, Kurt A. Koerber empezó en Hamburgo en el año 1946 con la producción de máquinas para cigarrillos, y Werner Otto, emigrante de Prussia Occidental, puso la primera piedra, en 1949, para el mayor grupo mundial de venta por correo, el grupo Otto. Esto sólo para nombrar un par de ejemplos famosos. En Hamburgo siguen fundándose más de 10.000 empresas anualmente. Actualmente sobre todo empresas de servicio y multimedia. Ya existen más de 700 empresas dedicadas a la multimedia, que junto con los editoriales Axel Springer, Heinrich Bauer y Gruner+Jahr hacen de Hamburgo la metrópolis de los medios de comunicación. Aproximadamente el 75% de los habitantes en activo de esta ciudad, trabajan en el sector de servicio, que es para Hamburgo más importante que la industria. Ya antiguamente Hamburgo vivía más del comercio que de las fábricas, debido en parte a que la navegación también sirve al comercio y viceversa. No es de extrañar pues, que la Bursa de Hamburgo sea la más antigua de Alemania. Los comerciantes ya ofrecían en 1558 mercancías al mejor postor en Nikolaifleet, en aquel tiempo lo hacían al aire libre. En 1841 los comerciantes se instalaron en el lugar que hoy ocupa la Bolsa: en la Plaza de Adolfo (Adolphsplatz), directamente detrás del ayuntamiento actual (Rathaus). Una conexión simbólica hasta hoy día. Pero si verdaderamente el ayuntamiento está detrás de la Bolsa, o la Bolsa detrás del ayuntamiento, esto siempre depende – como siempre en la política – del punto de vista del observador.

Hermann J. Olbermann

*D*ie einst dominierende Werftindustrie erfüllt heute vor allem Aufträge im Wartungs- und Ausrüstungsbereich.

*T*he once dominant shipyard industry now handles mainly orders from the service and outfitting sector.

*L'*industrie de la construction navale qui dominait autrefois répond aujourd'hui surtout aux commandes passées dans le secteur de la maintenance et de l'armement.

*L*a antiguamente dominante industria de astilleros actualmente realiza encargos sobre todo de mantenimiento y de equipamiento.

*I*ndustriearchitektur der 90er Jahre:
die Flugzeughalle auf dem Fuhlsbütteler
Werftgelände. Die Technische Universität
Hamburg-Harburg(kleines Foto) zeugt
von Hamburgs Bedeutung als Wissen-
schafts-Standort. Als High-Tech-Wunder
im Hafen bestaunt: die „Radisson
Diamond".

*I*ndustrial architecture of the 90s: the
hangar at Fuhlsbüttel complex. Harburg
Technical University (small photo) is proof
of Hamburg's importance as a scientific
centre. The amazing high-tech centre of
attraction at the harbour: the Radisson
Diamond.

*A*rchitecture industrielle des années 90 :
le hangar pour avions sur le terrain du
chantier de Fuhlsbüttel. L'Université de
Harburg (petite photo) témoigne de
l'importance de Hambourg en tant que
site scientifique. Un miracle de la haute
technologie dans le port : le «Radisson
Diamond».

*A*rquitectura industrial de los años 90:
la fábrica de aviones en Fuhlsbüttel.
La universidad técnica de Harburg
(foto pequeña) testimonia la importancia
de esta ciudad como centro científico.
Maravilla de la técnica que causa
asombro en el puerto: "Radisson
Diamond".